고려 명장

최영 장군의 리더십

황금 보기를
돌같이 여겨라!

지식공감

:: 고려 명장 최영(崔瑩) 장군 영정

(문화공보부지정 제47호, 1991. 10. 5)

최영 장군을 기리며

최재천

(이화여자대학교 교수 / 생명다양성재단 이사장)

저는 동주(철원)최씨 원외공파(員外公派) 최영 장군의 20세손 최재천입니다. 1953년 음력 11월 6일 강릉시 학동에서 조부 최영정(崔榮丁)의 장손으로 태어났습니다. 강릉농업고등학교 재학 시절 대한민국 육군사관학교에 합격하여 직업 군인이 되신 부친 최일섭(崔一燮)을 따라 상경하여 학업은 모두 서울에서 마쳤습니다. 그러나 무슨 까닭인지, 지금은 강릉비행장 부지로 들어가버려 흔적도 남아 있지 않지만, 제가 태어난 생가를 잊지 못해 방학이란 방학은 거의 언제나 강릉에서 보냈습니다. 그 시절에는 방학 기간이 길어 여름과 겨울 방학을 합하면 거의 서너 달이 되어 1년의 삼사분의 1을 강릉 산야에서 지낸 셈입니다. 훗날 제가 미국 하버드대학교(Harvard University)에서 박사 학위를 받고 미국 미시간대학교(University of Michigan-Ann Arbor), 서울대학교, 이화여자대학교에서 교수로 지내며 우리나라 대표 생태학자가 될 수 있었던 배경에는 대관령에서 동해바다로 이어지는 강릉의 아름다운 자연이 큰 몫을 했을 것으로 생각합니다.

10시간도 넘도록 기차를 타고 와서 남대천을 건너 그야말로 십리 길을 걸어온 어린 저에게 조부께서는 곧바로 큰댁에 가서 큰할아버지께 문안 인사를 드리라고 종용하셨습니다. 그리고 때론 그걸로 모자라다 생각하셨는지 병산동 덕정봉에 있는 최영 장군 사당 덕봉사에 가서 절을 하고 오라 명하기도 하셨습니다. 최영 장군은 어린 저에게 단순히 위인전에서 만나는 인물을 넘어 집안 어른이셨습니다. 게다가 평생 최영 장군 못지않게 청렴결백을 가장 소중한 삶의 가치로 삼고 사신 부친을 바라보며 컸습니다. 자연스럽게 저 역시 사리사욕을 멀리하고 되도록 근검하게 살려고 노력했습니다. 두 분을 본보기로 삼고 따른 덕에 저는 제법 중요한 직책을 여러 차례 맡았지만 큰 과오(過誤) 없이 잘 마칠 수 있었던 것 같습니다.

한때 KOICA(한국국제협력단) 경기도 성남시 본부에는 최영 장군의 동상이 있었습니다. KOICA 글로벌인재관 외벽에 돌출 형태로 붙어 있는 다소 어색한 동상이었지만, 교육을 받으러 온 개발도상국의 공무원들이 본받을 인물로 소개할 목적으로 만든 것입니다. KOICA가 미래지향적 인재상으로 삼은 덕목이 '상호 존중, 청렴·준법, 탁월성, 공정·책무성'인데 이를 대변할 수 있는 가장 상징적

인 인물이 바로 최영 장군이었던 것입니다. 마침 그 무렵 특강 초
대를 받아 간 김에 장군의 동상 아래에서 자랑스럽게 사진도 찍었
는데, 아쉽게도 그 후 새로 부임한 이사장 지시로 철거되어 이제
는 볼 수 없게 되었습니다. 국민 예산을 들여 애써 만들어 세우고
굳이 철거까지 할 까닭이 무엇인지 궁금했습니다.

　그러나 KOICA가 아니더라도 우리나라 전국 방방곡곡에 장군
을 모신 사당은 아주 많습니다. 청렴, 공정, 솔선의 상징으로 모셨
거나 억울한 죽음을 당한 혼을 기리는 차원에서 추모하는 공간입
니다. 제가 어렸을 때 최영 장군은
이순신 장군 못지않게 전 국민의
추앙을 받았던 걸로 기억하는데 어
느 시점부터 충무공 뒷전으로 밀려
난 느낌입니다.

　이 책이 우리 문중뿐 아니라 우
리 사회의 많은 분들이 함께 읽고
최영 장군의 가르침을 본받는 기회
를 마련해주었으면 합니다. 최영 장
군은 평생 제 삶의 길을 비춰준 영
웅입니다.

KOICA 글로벌인재관 최영 장군 흉상 앞에서

해방 직후 동요 '최영 장군(崔瑩 將軍)'(최태호 작사, 나운영 작곡)에는 "황금(黃金)을 보기를 돌같이 하라 이르신 어버이 뜻을 받들고 한평생 나라 위해 바치셨으니 겨레의 스승이라 최영 장군."이라는 가사가 있다. 6~70년대 초등학교 시절 음악 시간에는 최영 장군 노래를 즐겨 불렀다. 최근 어린이들이 자주 부르고 있는 '한국을 빛낸 100명의 위인들'(박문영 작사, 박인호 작곡) 노래 가운데 "황금 보기를 돌같이 하라 최영 장군의 말씀 받들자."라는 구절이 있다.

우리나라 역사에서 청빈과 충절의 표상으로 으뜸인 고려의 명장 최영 장군은 "너는 마땅히 황금을 보기를 돌같이 여겨라"는 아버지(최원직) 유훈을 평생 좌우명으로 간직하고 살았다. 무인으로서의 길을 걸었던 장군은 원나라의 정치적 간섭에도 불구하고 쌍성총관부 등 잃어버렸던 영토 수복에 앞장섰으며 내부의 반란을 모조리 진압했을 뿐만 아니라 홍건적과 왜구의 침략을 토벌하므로 고려 말 토대를 굳건히 지켰다.

문무(文武)를 겸비하여 수많은 전쟁터에서 백전백승의 장수가 되었고 조정에 들어와서는 재상으로 청렴한 정치의 중심으로 부정부패의 권문세족들을 처단하여 정치적 분쟁 속에서도 고려왕조와 백성에 대한 충정은 떠나지 않았다.

군 최고직인 상호군(上護軍)까지 진급하고 최고 관직인 문하시중(門下侍中)을 역임하면서도 사병을 거느리지 않으며 검소하고 청렴한 생활을 하였고, 왕이 상으로 내리는 토지와 노비도 사양하여 받지 않았다. 평소에는 포용력을 발휘하며 정의로웠으나 전쟁터에서의 규율은 엄격했으며 곧은 한마음으로 조정을 지켜온 충신이었기에 오늘날에도 자랑스러운 청백리(淸白吏) 장군으로 추앙을 받고 있다.

단재 신채호 선생은 일제 강점기인 1910년 3월부터 고려 명장 최영 장군에 대하여 〈동국에 제일 영걸 최도통전〉이란 제목으로 대한매일신보 연재 기고를 통해 "최영 장군은 동양의 풍운기에 태어나 40여 년간 육지와 바다에서 100여 회 전투에 출정하여 매번 승리했으며 한 번도 패한 적이 없는 해동의 명장이었다. 북으로는 홍건적을 막아내고 남으로는 왜구를 물리쳐 나라를 살리고 겨레를 구하셨다. 군사로 시작하여 문하시중까지 되신 입지전적인 재상이며 장군으로 큰 업적을 남겼다"라고 평가하며 아버님의 유훈을 받들어 평생을 청렴결백하게 살았던 동국의 영웅이며 명장으로 천명(擅名)하였다고 했다.

초등학교 가을 운동회에서 5~6학년 남자 어린이들이 서로의 어깨로 기마를 만들어 청군과 백군으로 나뉘는 기마전 게임에서 항상 〈최영 장군〉 노래를 힘차게 부르며 늠름하고 씩씩한 모습으로 입장했던 기억이 있다.

학생들이 탐독하는 우리나라 위인전에서는 '고려의 명장인 최영 장군은 수많은 전쟁에서 왜구와 홍건적을 물리쳤으며 옛 고구려 땅을 되찾기 위해 요동 정벌을 시도했는데 이성계의 위화도 회군에 몰려 그 뜻을 이루진 못했으나 끝까지 나라를 지키려 했던 용기와 기개를 배울 수 있는 장군이다'라고 소개하고 있다.

2011년 김영란법이 공표되면서 관공서뿐만 아니라 일반기업체에서도 청렴과 부패방지 교육을 할 때 최영 장군의 사례를 대표적 모델로 삼고 있다.

저자는 高麗史, 高麗史節要, 元史, 明史 등 역사자료의 고증을 참고하여 최영 장군의 정의롭고 청렴한 생활을 토대로 무인으로서 상무정신(尙武精神) 활약과 재상으로서 위국충절(爲國忠節)을 귀감으로 삼아 최영 장군의 진정한 Leadership을 완성하였다.

앞으로 이 책이 시대를 초월한 참군인의 표상이자 하늘이 내린 충신 최영 장군의 업적을 기리고, 나라 사랑이 후세에게 전하여 위국충절에 조금이나마 도움이 되었으면 하는 바람이다.

2025.02

한천각에서 최남섭

차례

제3장 / 요동 정벌(遼東 征伐) 출정

제4장 / 최영 장군의 Leadership

고려 명장

최영 장군의 리더십

제1장

/

황금(黃金) 보기를 돌같이 여겨라

최영(崔瑩)의 어린 시절

———————— ❖ ————————

　고구려의 옛 영토 수복이라는 역사적 과제를 안고 북진의 의지를 불태우던 고려는 불교문화의 영향과 주변국과의 외교력을 발휘하여 문화·예술 분야를 주축으로 국운이 초기에는 발전하였으나 후반기에 접어들면서 그 역량이 쇠퇴하기 시작하였다.

　고구려 영토였던 요동을 되찾겠다는 진취적인 모습의 이면에는 권문귀족(權門貴族) 사회로 병들고 있었으며 북진이라는 민족사적 과제를 망각한 채 현실 속에만 안주했다. 부정부패와 무사안일을 일삼았던 귀족사회는 자주와 국가 발전을 외면하고 도약의 기상을 잃어버려 마침내 원나라에 굴복하는 치욕을 당했다.

　고려는 밖으로는 원나라의 오랜 지배와 무자비한 횡포로부터 백성들은 유린당하고 안으로는 외세와 결탁한 권문세가와 귀족들의 부패로 그 상처는 더욱 깊어져 왕권은 추락했으며 외세들은 호시탐탐 유린을 일삼았다.

　북쪽의 여진족은 수시로 국경을 넘었고 남쪽에는 왜구들이 빈번히 침입하여 양민을 살해하고 약탈을 일삼았다.

　이러한 혼란기인 고려 말엽 충숙왕 3년에 검소하고 청렴하기로 유명한 사헌부 규정(종5품)과 형부 정시랑(정4품)을 지낸 최원직公의 1남 3녀 중 막내며 외아들로 태어났다.

문하시중(門下侍中) 철원부원군(鐵原府院君) 무민공(武愍公) 최영(崔瑩)의 어린 시절 호는 기봉(奇峯)이고 본관은 동주(東州, 지금의 철원)이다. 뒤늦게 낳은 아들의 이름을 '마음이 맑고 밝은 사람이 되라'며 최영(1316. 6. 12.)이라고 지었다.

어렸을 때부터 기골이 장대하고 풍채가 늠름했으며 용기가 출중하여 문신 가문에 태어났으면서도 병서를 읽고 무술을 함께 익히며 성장하였다. 어머니 봉산지씨는 고려의 명장 출신인 지채문의 후손이었다. 아버지에게는 문인의, 어머니에게는 무인의 피를 물려받은 것이다.

첫째 누님은 삼사의 판관(정5품)을 지낸 김해김씨 김윤명에게 출가하였으며 아들인 김저(호 栗隱)는 문과에 급제하여 참지정사 등을 역임하고 문무의 요직에서 봉직하다 위화도 회군으로 외삼촌인 최영이 처형되자 이듬해 팔관회에서 이성계 처단을 계획했으나 성공하지 못하여 처형을 당했다.

둘째 누님은 원나라 순제 때 용도각직학사로 노국대장공주(공민왕비)를 수행하여 고려에 들어와 평장사(정2품)로 제수받은 전유겸에게 출가하였다. 전유겸은 이성계가 위화도 회군으로 정권을 잡자, 불사이군(不事二君)의 충절로 관산(문경 조령 어류동)에 들어가 은거하다 세상을 마감하였다.

셋째 누님은 예빈시 동정(정6품)으로 재직 시 조정에 직간하였다가 제주 판관으로 좌천이 되어 원나라 목호들의 반란을 진압하다 순직한 이양길에게 출가하였다.

최영은 고려 건국 시 태조 왕건을 도와 고려를 세운 통합삼한 공신 삼중대광 태사공(統合三韓功臣 三重大匡 太師公) 최준옹의 후손이다. 6대조 예숙공 최석은 문종 5년 문과에 장원급제하여 동삼사 평장사, 판이부사를 역임했으며, 5대조 문숙공 최유청은 예종 7년 문과에 급제하여 집현전 대학사를 역임했고 평장사와 판예부사를 지낸 학문과 덕망이 높았던 분이었다. 선조 대대로 무인이 아닌 문인으로서의 자질과 능력이 뛰어난 선비의 가문이었다.

아버지는 일찍이 아들 영에게 훈육했다.
"영아, 너는 나라 사랑을 집과 같이하라. 나라의 형편이 날로 쇠망하는 것은 사람들이 자기 가문만 알기 때문이다. 너는 모름지기 황금을 보기를 흙으로 여겨라. 나랏일이 날로 비참해지는 것은 모든 이들이 황금만 좋아하기 때문이니라. 영아, 그리고 너는 무예를 배워라. 나라의 치욕이 여기까지 이르렀으나 한 개의 화살마저 뽑아 적을 쏘지 못하니 네 아비가 선비인 것을 한탄만 하고 있구나. 너는 반드시 무예를 익히거라. 알겠느냐!" 머릿속 깊숙이 나라를 사랑하는 마음과 무예를 연마하는 마음을 길러 주었다.
그리고는, 5대조 문숙공께서 남경 유수로 부임하기 위해 떠나가면서 아들들에게 청백리가 될 것을 훈계한 "가문의 전통이 청백하여 남은 물건은 없고 다만 경서 만 권을 가보로 전하니, 이를 나누어서 부지런히 읽기를 바라며 입신하여 이름을 빛내고 도를 행하여서 임금을 높게 여기도록 하여라."(家傳淸白無余物 只有經書萬卷 存 恣汝分將勤讀閱 立身行道使君尊)라는 말씀을 항상 상기하면서 아들 영에게 훈계하며 교육하였다.

어린 시절 아버지에게는 '천자문'을 배우고 큰아버지 최원중公에게 '소학'을 배웠다. '소학'은 유교 사회의 도덕규범 중 기본적이고 필수적으로 유학 교육의 입문서로 어린아이의 처신하는 절차부터 인간의 기본 도리에 이르기까지 망라하여 배웠다. 그리고 역사서 인 삼국사기를 읽었으며 '을지문덕' 등 대륙의 침략을 물리친 영웅들에 대한 업적을 즐겨 읽었다.

호부 시랑인 큰아버지는 아들 방계, 방식과 조카 영을 엄격하게 훈육하였다. 이후 영은 문헌공도로 옮겨 학문에 열중하였다. 문헌공도 스승으로부터 옛 성현들의 가르침과 '사서삼경'을 익혔다.

열두 살 생일을 막 지난 날, 문헌공도에서 하교하여 집으로 돌아가다가 순군 천호가 약소배들을 끌고 가는 것을 목격했다. 아버지가 귀가하시자 잡혀간 약소배는 어찌 되었는지 물었다. "그런 놈들은 이 아버지가 처리하는 일이 아니란다. 거리의 약소배는 순군이 잡아갔으니 순군옥에 가두고 거기서 처리할 것이다."

아버지는 아들 영에게 일침을 놓았다. "약소배 중에서도 과거 초시에 떨어진 귀한 집 자제들도 있는데, 우리 문중에는 그런 사람이 없으니 너는 시전에는 얼씬도 하지 말거라."

영이 사춘기에 접어들면서 체구가 갑자기 커지고 부쩍 바깥세상 나랏일에 관심이 많아진 것 같다며 어머니 지씨가 남편에게 찬찬히 타일러 주라고 한 터였다.

그렇지만 최영은 공도에서 파하면 곧장 시전을 지나 십자대로를 거쳐 남대문을 빠져나가 훈련원으로 갔다가 체력 훈련을 하느라 귀가 시간이 늦어지곤 했다. 당연히 집에 와서는 읽고 쓰면서 외워야 할 공부를 다 채우지 못해서 자주 스승에게 꾸지람을 듣고 벌을 받게 되었다.

문도의 스승인 권채가 친구인 최영의 아버지 원직을 불렀다. 몇 달 만에 술잔을 마주하며 권채가 넌지시 말을 꺼냈다.

"요즈음 영이가 집에서 형설지공을 쌓고 있는가?"

갑자기 시냇물이 돌부리에 부딪히듯 최원직의 머리가 북채로 맞은 듯 띵하고 울렸다.

"이 사람, 내 성미를 잘 알면서 그러네. 곧바로 말하게나."

"영이 독서를 가까이하지 않는 것은 가르치는 내 잘못도 크니 이번 여름에 귀법사에서 여는 하과(夏課)를 지켜보겠네. 그 결과를 보고 난 뒤 하려던 이야기를 하겠네."

권채는 큰아버지와 아버지의 특별한 사이였으며 충렬왕의 스승이었던 할아버지 최옹公의 제자였다.

어느덧 초목이 짙어가는 여름이 되자 귀법사 승방의 하과에서 스승은 최영을 특별히 가르쳤다. 그리고는, 나무 그늘에서 문충의 '오관산곡(五冠山曲)'을 대금으로 들려주었다.

"스승님, 이 노래는 누가 지었습니까, 저도 한번 불어볼 수 있을까요?" 폐활량이 남달리 큰 최영이 불어보니 소리가 더욱 구성지어 귀법사 전체로 퍼져 나갔다.

스승은 최영 조부의 학식을 강조하며 최영이 학문으로 대성할 것이라는 자부심을 심어주려고 노력했으나, 이번에는 대금 연주에 관심을 가졌다. 공도 책상머리에 앉아서 멍하니 넋을 잃어 자기가 읽을 차례를 놓치고 문자는 한낱 종이 위의 그림으로 바뀌어 스승으로부터 꾸지람 받는 횟수도 늘어갔다.

권채는 친구 최원직에게 걱정의 말을 다시금 건넸다.

"영이가 학문에 뜻이 없고 다른 것에 마음을 주고 있으니, 그것이 무엇인지 자세히 살펴보시게."

뜻밖의 말을 들은 아버지는 집으로 돌아와 곧바로 영을 사랑채로 불렀다. "네가 요즈음 책을 멀리하고 담장 바깥의 일에 관심이 많다고 하니 마음속에 무엇을 품고 있는지 속 시원히 말해 보아라."

최영은 아버지의 뜻을 잘 알기에 선뜻 자기의 꿈을 차마 말하지 못하고 일어나서 바지를 걷어 올리고 종아리를 내밀었다. "아버님, 소자가 요즈음 들어 책 읽기를 소홀하였으니 매로써 책망하여 주십시오."

아버지는 과거에 급제하지 못한 아쉬움을 아들이 풀어주기를 고대했으나, 어머니 지씨는 최영의 심리를 정확히 알고 있었다.

반년 전 입추가 지난 초가을 원나라에서 고려의 공녀를 뽑아가던 날, 동네 소꿉동무인 연이가 자취를 감추었다는 소문이 나돌았다. 그때, 최영의 나이는 열세 살이었고 한 살 위인 연이는 연꽃처럼 예쁘며 누나같이 심성이 따뜻한 소녀였다. 남산 주변에 사는 소년들에게는 우상이었다. 그나마 모두들 몸짓이 크고 잘생긴 최영에게는 어울린다며 틀림없이 연이는 나중에 영의 색시가 될 것이라며 놀리기도 하면서도 서로가 믿었다.

　둘 사이도 그렇게 서로가 좋아하는 사이였는데 선의문 밖에서 26명의 동녀 중에 첫 번째로 뽑혀서 힘없이 끌려가는 연이의 뒷모습을 바라보면서 최영은 보이지 않는 힘에 이끌려 끌려가는 것을 막지 못하는 자신 모습을 한탄하며 울분을 삼키며 다짐하였다. '무사가 되어 저 오랑캐 놈들을 쳐부수고 이 땅에서 몰아내어 내 반드시 연이를 구해오리라.'

　당시, 소년들 사이에는 칭기즈칸이 빼앗겼던 그의 아내를 구하고 천하를 정벌한 이야기가 회자되고 있었는데, 최영은 "이 담에 용천검을 구해서 말을 타고 누나를 꼭 구해올 거야."라고 다짐하면서 연이의 친동생인 열두 살 현린의 눈물을 닦아주며 연이가 북쪽 모퉁이로 사라질 때까지 하염없이 바라보며 서로를 위로하였다.

　　　　　　　　　　　　　　고려 명장 최영 장군의 리더십

황금(黃金) 보기를
돌같이 여겨라

아버지 최원직公이 병상에 누워 있어 부인 지씨와 아들 최영, 시집간 딸과 사위, 절친한 친구 이암과 가솔이 임종을 지켜보고 있었다.

"여당견금여석(汝當見金如石)"

이라고 쓴 비단 띠를 최영에게 주면서

"너는 마땅히 황금을 보기를 돌같이 여겨야 한다!"

라며 아버지로서 마지막 가르침을 남기고 숨을 거두었다.

세수 57세, 1331년. 최영의 나이 열여섯이었다.

최영은 아버님의 見金如石! 이란 유훈을 허리띠에 새기고는 평생토록 간직하며 검소한 생활을 했다. 가문 대대로 문관을 배출한 집안이어서 최영은 3년간 시묘(侍墓)를 하면서도 과거를 준비해야 했는데 펼쳐놓은 책은 눈앞이 어른거려서 글이 외워지지 않았다.

어머니 지씨 부인은 남편이 살아 계셨을 때 기씨의 딸 기락(기황후)과 영의 혼사를 정하지 않은 것이 마음에 걸렸다. 기락의 증조부는 상서좌복야를 지낸 기홍영이었는데 아들은 기온과 기관이고 사위는 최영의 백부 이부상서 최원중이었다. 기관의 아들 기자오는 5남 3녀를 두었는데 막내딸이 기락이었다. 영은 명절에 큰집에 가 있으면 기락도 대고모부인 최원중의 집에 인사차 들러 서로 자주 만나게 되었다. 서로 사돈 관계이었으며 나이는 기락이 한 살 위이고 항렬로 따지면 최영이 아저씨뻘이었다.

영의 아버지와 기락의 오빠 기철 사이에 혼담이 한창 오가고 있었는데 아버지가 세상을 떠났다. 상을 당한 집안과 혼인할 수가 없다는 소문이 퍼졌으므로 기락은 1331년 초가을 원나라 공녀로 뽑혀갔다.

최영은 기락이 공녀로 뽑혀 원으로 갔다는 소문을 듣고 3년 전 연이가 공녀로 뽑혀갈 때가 생각났다. 기락과 연이는 서로 사는 곳이 달라서 서로 알지는 못했으나 원에 공녀로 끌려가는 운명은 같았다. 기락과 최영은 혼담이 오간 사이였다면 연이는 첫사랑 사이였다.

어렸을 때 아버지께서 "나랏일이 날로 비참해지는 것은 사람들 모두가 황금만 좋아하기 때문이며, 너는 반드시 무예도 함께 익혀라!" 하시던 말씀을 항상 생각하고 있었다.

어머니 지씨는 아들이 용감한 장수가 되어서 저 오랑캐들을 반드시 쳐부술 것을 항상 기대하고 있었으며 최영의 외모가 기골이 장대하고 풍채가 늠름한 것도 모계로부터 많은 것을 물려받았다. 어머니는 늘 자신의 선조인 지채문이 거란족 침략 때 활약상을 아들에게 자랑스럽게 들려주고는 하였다.

아버지 시묘를 정성껏 마치고 열아홉 살부터는 말을 몰아서 들판으로 나아가 격구를 연습했고 활쏘기를 익히며 칼과 창을 사용하는 법도 익혀 나갔다. 날씨가 좋고 바람이 잔잔한 날에는 예성강에서 배를 띄워 벽란도를 거쳐서 강화도까지 강행군하는 수상훈련도 했다.

집에서는 선대 대대로 물려받은 경서를 읽으며 수양하고 손자병법은 물론 육도삼략을 꿰고 삼국사기를 읽으며 을지문덕전과 연개소문전을 줄줄 외웠다. 그뿐만 아니라 진서의 삼국지와 수서와 당서를 읽으며 고구려인들이 넓은 대륙을 누비며 어떻게 서쪽 민족의 침략을 호쾌하게 막았는지 터득했다.

조정에서 범유수를 지휘사로 삼아 여진족 침략을 토벌하기 위하여 각지에서 군사를 모집하자 최영은 단호하게 응모하여 참전을 결심했다. 고려 토벌군의 일원으로 개경에서부터 서경을 출발하여 황초령에서 매복을 감행하여 귀환하는 김방괘가 이끄는 여진족 군사들을 모두 몰살시키고 길주까지 추적했다.

무지막지하고 살벌한 전투에서 살아 돌아오기는 했지만, 전투에서 쌍성총관부 관할 천호들이 여진족과 내통했다는 이유로 토벌군이 바로 해체되는 바람에 무관으로 임용되지를 못하고 무술연마에만 시간을 보내야 했다. 전투를 통하여 기마전에 능숙하지 못한 자신을 알고 질책하고는 말타기 연습을 더욱 열중하였다.

당시 뇌물을 주지 않고서는 미관말직조차 구할 수가 없었다. 뇌물로 관직을 사고파는 방식을 너무나 싫어했다.

어려서부터 기골이 크고 완력이 세어서 남들이 두 손으로 잡는 칼이나 창도 한 손으로 잡으며 휘둘렀다. 용맹이 다른 사람들보다 뛰어났기 때문에 여유가 있으면 글을 읽고 시를 쓰면서도 말을 타며 격구하는 일에 더 관심이 많았다.

송도의 청년들은 한량들과 섞여 놀지 않고 병서를 읽으며 꾸준히 무술을 연마하는 그의 씩씩한 기상과 꿋꿋한 절개를 선망하여 언제나 모임에서 우두머리 자리를 내어주었다.

어머니 지씨 부인은 관리 신분인 시아주버니댁이 있는 왕궁 남쪽 정승 동네로 찾아가서 아들의 앞날에 대해 상의하였고, 상당한 지위에 있는 집안 어른들에게도 도움을 요청하였다.

며칠 후, 어머니는 아들 최영과 함께 집에서 나와 애마를 장만하기 위하여 말 시장이 있는 마전교를 찾았다.

"이 어미가 친척 어른들의 신세를 지고 처음으로 한 번만 사주는 것이니 좋고 쓸만한 애마를 골라라!"

하면서 늠름한 말을 장만해 주었다.

그리고 아끼던 노리개를 팔아 말안장과 말에 필요한 물건들을 일괄적으로 장만해 주었다. 훈련원을 지나 남대문으로 들어가서는 시전에 들러 활과 함께 칼도 새롭게 장만하였다. 새로운 애마뿐만 아니라 활과 칼을 장만하여 무인으로 기본을 갖추었으니, 본인 스스로가 마치 을지문덕 장군이나 된 듯이 의기가 양양했다.

마상술에 능한 이방연으로부터 말 타는 법을 처음부터 새로 배웠는데 이방연은 마상에서 활을 쏘면 명궁 소리를 듣는 고려인의 기질을 타고난 최고의 마상 무사 이방실의 여동생이었다.

이방연은 마상 무사의 귀재였으므로 최영에게 말 타는 법과 축지법을 가르치는 스승이 되어 혹한 훈련을 시켰다. 몸집이 큰 최영에게 말타기를 가르치며 거듭 강조하여 말했다.

"말이 달릴 때 번개 바람처럼 빠르게 타고, 말이 달릴 때 제비처럼 가볍게 내리지 못하면 오랑캐와 싸워서 이길 수가 없다."

송도 남쪽 용수산 기슭에 있는 '연무원'에서 마상 무술을 혼신으로 연마하였다.

최영은 아버지를 여의고 난 직후에 연상인 문화유씨를 부인으로 맞아 아들 담을 두었으니, 가족의 부양이라는 현실의 책임감이 어깨에 짓눌러 왔다. 어머니 지씨 부인은 아들 영에게 부담을 줄여 주려고 어려운 집안 살림을 도맡아 하면서 식솔들을 도왔다. 남편에게도 그랬던 것처럼 아들 영도 진충보국으로 나아가 출세하기를 은근히 바랐던 것이다.

최영은 어머니와 부인의 바람에 화답하여 본인의 의지와 뜻을 시(詩)로 읊었다.

녹이상제(綠駬霜蹄) 살지게 먹여 청하수(靑河水)에 씻겨 타고,
용천설악(龍泉雪鍔) 들게 갈아 다시 빼어 둘러메고,
장부(丈夫)의 위국충절(爲國忠節)을 세워볼까 하노라.

* 풀이 : '좋은 말을 잘 길러 청하의 시냇물에서 깨끗이 씻겨 타고, 보검
  을 잘 갈아서 싸우기 위하여 등에 메고, 대장부로서 적이 쳐들어오면
  승리하여 나라를 위해 충성하겠다'라는 충절 의지를 나타냈다.

신라의 화랑도처럼 을지문덕이 태어난 평양의 석다산에 올라서 장군이 남긴 자취에 경의를 표하고 내친김에 압록강에 이르러 연개소문의 전쟁터를 살펴보았고 북으로 읍루를 의지하며 대조영의 웅대한 계략을 체득하여 몸과 마음에 지난 영웅들의 호연지기를 담아서 집으로 돌아오는 꿈을 자주 꾸었다.

최영은 개경의 선지교(선죽교) 동쪽 이현에서 살았다. 어머니를 위로하기 위하여 틈만 있으면 대금으로 문충이 지은 '오관산곡'을 연주하였다. 손때 묻은 대금은 전쟁터에도 반드시 지니고 다녔다.

어머니가 늘 당부하시던 말을 항상 되새겼다.

"영아! 네가 서생이 되면 게으름을 피우지 말고 열심히 공부해야 하고, 네가 무예를 익히는 몸이라면 활쏘기와 말타기를 잘해야 한다. 하지만 함부로 사냥에 나가서 동물의 목숨을 해치지 않도록 반드시 조심해야 한다."

연이어 귀가 따갑게 들려오는 말씀도 생각났다.

"의복은 몸을 따뜻하게만 하고 사치를 일삼지 말 것이요, 음식은 배가 고픔을 면할 정도만 취하고 진기한 맛을 좇지 말 것이다. 너는 꼭 기억해 두어라."

어머니 지씨는 새벽 첫닭이 울면 깨끗이 세수하고 머리를 빗고

서 단정히 앉아서 '금강반야경'과 '화엄경행원품'을 외우는 것부터 하루를 열곤 했다.

　최영은 용모뿐만 아니라 완력이 다른 사람들보다 뛰어났지만, 깊은 마음속으로는 언제나 화랑도의 '풍류'를 스스로 지켰다.

　장수의 길로 가기를 결심한 영의 개인적 수련 과정은 남들과 확연히 다르도록 연마하였다. 검술, 창술, 활쏘기 등은 몸에서 나오는 타고난 근력과 팔의 힘으로 각종 무기를 다루었으니 그것 자체가 남과 달랐으며 마술하는 듯 자유자재로 움직였다.

　힘의 완급을 조절하여 순간 힘을 발바닥에 실어 발로 차는 격파술과 주먹으로 상대방 인중을 타격하는 공격술을 연마해 나갔으며 다른 한편으로는 상대방의 몸 전체를 뒤에 감싸 잡아 비틀어 돌리는 기술 연마를 구사하기도 했다. 특히 남다른 것은 무술을 연마할 때 항상 상대방의 눈을 뚫어지게 쏘아보는 것이 유별났다.

　수련에는 첫째가 기합, 둘째가 시선, 셋째가 중심과 중심의 이동, 넷째가 힘의 강약 순이다. 열 가지 세부 사항을 익히는데 마지막 호흡법이라는 것은 누가 가르쳐준다고 해서 배울 수 있는 것이 아니라 실전에서 체득하게 된다며 훈련에 임했다.

　같은 문반의 자제로 가문의 명예를 이어받은 최영과 우제는 훈련원에서 만나 곧바로 무술훈련을 단련하면서 절친한 사이가 되어 잦은 작은 전투에 참여하곤 하였다.

무인으로 들어선
최영의 첫 전투

1350년 2월, 왜구가 합포(마산) 바다 건너에 침입하여 거제도에서 곡식을 약탈하고는 이어서 고성지역에서 노략질을 일삼고 있었다.

합포 천호 최선이 미리 정보를 입수하여 전투태세를 갖추고 매복하고 있었다.

"쏴라!"

"적의 머리통을 날려라!"

도령 양관의 명령이 떨어졌다.

시위를 벗어난 화살들이 소나기 뿌리듯이 날아갔다. 선착장에서부터 의기양양하게 활보하며 걸어오던 왜놈들의 몸과 머리에 박혔다. 기병과 매복조와 유인조, 기습조로 나누어서 이들을 상대로 싸워 단숨에 격파했다.

"장군, 적군의 시체가 3백구이고 말은 8필입니다. 이미 빼앗은 곡식은 죄다 일기도로 싣고 달아났다고 합니다."

기병을 이끌었던 최영이 양관에게 보고했다.

고려 명장 최영 장군의 리더십

"포로를 심문하여 침략한 다른 사정도 알아냈는가?"

양관이 건장하고 용감한 최영과 우제를 믿음직스러운 표정으로 바라보며 물었다.

"저들의 말을 다 믿을 수는 없지만 3년째 연이은 태풍으로 농사는 흉작이라서 먹을 식량을 구하려고 침범했다고 합니다."

천호 최선이 상하 지휘관을 불러 말했다.

"이번의 공은 최영 그리고 우제의 공이 가장 크다. 그러나, 양관이 도령이니 그의 공을 으뜸으로 기록할 것이다."

이어서 곧바로 양관이 최선에게 말했다.

"제가 비록 도령이기는 하나 저들의 공이 으뜸이므로 뺏고 싶지는 않습니다."

최영이 합포 천호 최선의 휘하에 발탁되어 남해안에 침투한 왜적을 상대로 첫 전투를 치렀다.

다음 날 천호는 장계를 써서 최영과 우제에게 주어 수참을 통하여 도당에 올려보냈다. 파발로는 좌우 각 군영과 진에도 전투 상황을 통보했다.

개경 도당에서는 막 도착한 장계를 읽고 회의를 열었다.

우정승 손수경, 좌정승 이군해, 그리고 염제신, 유탁, 이권 등이 서로를 쳐다보며 누군가가 먼저 말을 꺼내기를 기다렸다.

"승전보를 전하께 빨리 알립시다."

라고 말을 꺼낸 사람은 이권이었다.

이어서 찬성사 염제신이 말했다.

"대승이니 칭찬을 해서 군사들을 위로하는 것이 먼저가 아니겠소. 밖에서 대기하고 있는 장수들을 불러서 직접 상황을 파악하여 대책을 세울 수 있는 것이 아니오?"

좌정승은 밀직부사 김귀년을 시켜 장수를 불러오게 했다. 도당의 출입문이 소리를 내어 열리자, 용모가 장대한 한 사내가 씩씩하게 들어왔다.

"오, 자네는 최영이 아닌가! 그래 먼 곳에 가서 고생이 많았구먼." 서너 걸음 앞으로 나아가서 반갑게 맞이하여 위로의 말을 한 사람은 좌정승 이군해였다.

"그래, 왜구들이 또 약탈하러 온다는 말이 참인가?"

승전의 전과 내용보다 재침 운운한 문장을 읽던 우정승 손수경이 심각해진 표정을 지으며 다짜고짜로 패장을 대하듯 물었다.

"네, 그렇습니다. 포로를 심문하였더니 그렇게 고했습니다." 최영의 목소리는 도당에 쩌렁쩌렁 울렸다.

합포 만호 유탁이 나섰다.

"마파람은 곧 불어올 것이고 합포는 저의 관할이오니 제가 직접 내려가서 왜구를 막을 것입니다. 그리고 이번 승전에 대한 포상은 현장에 가서 확인하고 난 뒤에 결정해도 늦지 않을 것 같습니다."

충정왕을 섭정하는 충혜왕 미망인 덕령공주가 도당의 결정을 받아서 곧바로 이권을 경상도, 전라도 도지휘사로, 유탁을 전라

고려 명장 최영 장군의 리더십

도, 양광도 도순문사로 삼아 왜구의 침구를 대비하게 했다.

3월에 병부에서는 전라도, 양광도 도순문사 유탁이 군사를 모집하는 방을 각 관아에 급히 붙였다.

"왜구가 경상도 해안가에 쳐들어왔으나 조만간에 전라도로 침입해 올 것이다. 날쌘 장병을 모집하니 장정들이여 이에 응하여 나라와 백성을 구하라. 공을 세운 자에게는 큰 상과 함께 벼슬을 내리리라."

최영은 우제와 함께 송부개의 시전 점포로 가는 길에 최무선과 마주쳤다.

"형님들, 어디로 가시는 길입니까?"

최무선은 반갑게 인사를 했다.

"아우! 그 고운 손으로 어찌 왜구를 때려잡겠는가? 시전을 관리하면서 몽골말 공부나 열심히 하게나. 왜놈들이야 이 형님들이 처리할 일이라네."

최영의 말을 최무선이 받았다.

"그럴까요? 이번에는 나라에서 방을 붙여 공약했으니, 형님들은 틀림없이 군관으로 기용될 것입니다."

송부개가 운영하는 공방은 활과 화살을 만드는 점포였는데 송공방은 조상 대대로 궁중에서 필요로 하는 최고급 제품을 만들어 제공해 왔다.

무사라면 누구나 송부개가 만든 활과 화살 그리고 동개 등을 갖고 싶어 했다. 최영이 갖고 다니는 활과 화살로 저번 합포 전투에서 말을 타고 도망가던 왜군 장수를 명중하여 해쳤다.

최무선은 금강산 장안사 소유의 시전 점포 30여 중에 6개를 관리하고 있었다. 종이와 소금, 약초, 면, 건어물전 등을 위탁받아 관리하고 있었다.

송부개의 공방은 흥국사 북쪽 병부 쪽에 있었고, 최무선이 관리하는 점포는 십자대로 서북쪽에 있었다.

공방에서 머물다가 최영이 집에 가는 길에 아들 담이 달려왔다.

"아버님, 집에 율은 형님이 오셔서 기다리고 계십니다."

"한창 바쁠 율은 조카님이 무슨 일로 왔을꼬?"

생질 율은이 자기보다 나이가 어린 외숙 최영을 오랜만에 만나는 데는 그만한 이유가 있었다.

"외숙, 무인이 전투에서 적과 싸워서 공을 세우기만 급급하면 졸장밖에는 되지 않습니다. 세상을 보는 안목이 남달라야 합니다."

최영은 마음을 진정시키고는 참고 들었다.

"그래서 정세를 분석할 수 있는 자료를 가지고 왔으니 참고하여 열심히 탐독하세요."

율은은 자기가 일하는 예조에서 외교적 자료 중에 일반인도 관심이 있는 부분을 뽑아왔다.

고려 명장 최영 장군의 리더십

"이것이면 앞으로 관직 생활에 도움이 될 것입니다."

율은은 원나라 조정을 장악하고 있는 탈탈을 콕 집어서 주목하여 읽으라고 권하고 돌아갔다. 그러나 최영은 기황후의 활동에 마음이 더 끌렸다.

우제가 병부에서 최영에게 보낸 왜적 토벌군 응모에 합격한 병사들의 훈련을 담당하라는 전갈을 가지고 마당 안으로 들어왔다.

"이 사람이 또 독서삼매에 빠졌구려. 무슨 재미난 책을 읽고 있기에 인기척이 나도 몰라."

최영은 읽던 책을 덮었다.

"외교사가 어찌 재미나겠는가."

그러나, 줄곧 앞서 읽던 책의 뒷부분이 궁금했다.

잠시 후, 최영은 무장을 갖추고 우제와 나란히 말을 타고 훈련장으로 출발했다.

병사들의 기본 훈련은 성 남쪽 훈련장에서 개최되었으며 훈련장 막사에서 2주간 기본적인 사병 훈련을 시키느라 정신이 없었다. 훈련이 끝나고 3일간의 휴가 후에는 다시 집합하여 남쪽으로 떠나야 했는데 가족들도 거기에 맞는 준비를 하느라고 분주하게 움직였다.

유탁은 모집에 응한 무사들과 최영을 앞세우고 전라도로 떠났다.

예측대로 마파람이 부는 4월이 되자 왜적은 백여 척의 배를 이끌고 전라도 순천부로 침입하여 약탈을 일삼았으며 이어 남원, 구

제1장_황금(黃金) 보기를 돌같이 여겨라

례, 영광, 장흥부의 조운선을 여러 번 노략질하였다.

왜구들은 개경에서 군사들이 내려와 대비하고 있는 줄 알지 못하고 강진군 만덕사에 쳐들어와 백성들을 살육하고 약탈을 자행하였다.

유탁이 최영, 우제, 낭장, 김선치로 하여금 추적하도록 명령을 내렸다. 이들은 전투에서 크게 활약하여 왜적들은 척살되거나 바다로 도주하였다.

곧바로 유탁은 군사를 이끌고 강진을 넘어 해안으로 달려가는데, 최영이 갑자기 말을 멈추고서는 유탁에게 말했다.

"배를 몰고 떠나야 할 자들이 도로 돌아서 육지로 오르려 하는 것으로 보아 저편 둘러싼 언덕에 아마도 복병이 있을 것 같습니다. 조심하시지요."

유탁이 말을 듣지 않고 돌려가려는 대형을 채 갖추기도 전에 수많은 적이 달려들었다. 재빨리 대각노를 펼친 대각반 군사들이 대형을 갖추고 적을 향해 활을 쏘며 맞서 싸웠다.

우제가 병사 수백 명과 함께 미처 배에 오르지 못하는 적을 향해 공격하는 도중인데 왜구는 끌고 가던 우리 백성을 인질로 끌어내어 방패로 삼았다. 그러나, 인질 한 사람이 고려군을 향해 소리 높이 외쳤다.

"고려의 장졸들이여, 화살을 아끼지 마시오. 오랑캐에게 사로잡혀서 몸을 버렸고 처자도 죽었으니 살아서 무엇을 하겠소."

그러는 순간 적장이 칼을 들어 올려 소리치는 백성의 목을 베었다. 그 장면을 목격한 토벌군들은 의분에 떨었다.

최영이 번개같이 말을 타고 달려서 나아갔다.

"적이 우리 백성을 해쳤으니 반드시 복수해야 한다."라고 하자 모든 군사가 일제히 달려 들어가 활을 당겨 적장 목을 향하여 내리쏘니 활시위 소리와 함께 적장이 거꾸러졌다.

왜구에게 포로가 되었던 주민을 모두 귀환시키고 진지에 머무르는 동안 왜놈들이 다시는 침범하지 못했다.

6월에도 왜선 50여 척이 남해안 고성, 회원 등지로 불시에 침구를 했으나 우리의 강력한 군사들에게 번번이 패하여 물러갔다. 왜구는 용감무쌍하게 싸운 무사가 있다는 것을 알지 못하고는 최영의 무예와 용맹 앞에 대나무 줄기가 베어지듯 단칼에 쓰러지거나 포로가 될 수밖에 없었다. 덤비는 족족 바람에 풀이 쓰러지듯 고려 군사의 칼바람에 왜구들이 물러났다.

이듬해 정월, 고려 젊은이들이 휘두르는 칼바람에 왜적들이 바다를 건너오지 못하자 유탁은 군사를 이끌고 유유히 개경으로 돌아왔다.

충정왕이 지원자 중에서 특별히 공을 세운 자에게 약속대로 벼슬을 내리려고 하문했다.

"누가 가장 용감하게 싸웠나요?"

유탁이 가까이에서 최영의 활약을 일 년 동안 수없이 본지라 무훈을 자랑하듯이 왕에게 보고했다.

"전하, 이번에 참전한 무사들이 모두 용감히 싸웠는데 특히, 최영은 곳곳의 전투마다 기이한 방법을 내었고 적의 수급을 많이 벤 전공으로도 그가 으뜸입니다."

왕을 섭정하던 덕령공주가 옆에서 다시 유탁에게 물었다.

"최영은 누구의 자제인가요?"

유탁이 대답을 못하고 머뭇거리자, 좌정승 이군해가 대신 나서서 공손히 대답했다.

"그의 선조 최준옹은 태조 때에 공신이었습니다. 6대조 최석은 평장사와 판이부사를 지냈고, 5대조 최유청은 평장사와 판예부사를 지냈습니다. 고조부 최양은 이부원외랑을 지냈고, 증조부 최정소는 중서문하성 산기상시를 지냈으며, 조부 최옹은 과거에 급제하여 부지밀직사로 선왕 충렬왕의 태자 시절 스승이었습니다. 최옹의 첫째 아들은 이부상서를 지낸 최원중이고, 둘째아들이 사헌부 간관을 지낸 최원직이었는데, 최영의 선고가 됩니다."

"그렇다면 최유청의 처가 동래군부인 정씨이구려. 군부인의 부친 정항이 청백리의 표상이 된 분이 아니오."

온 나라 사대부 여인들이 모두 알고 있는 이야기를 모를 리가 없었다. 이군해가 최영의 대부 역할을 톡톡히 하려는 듯이 선대 할머니 정씨 친정 내력까지 소상히 고했다.

전투에서 공을 세운 자에게 벼슬을 내리려고 하문하여 최영의 활약과 무훈을 왕에게 보고된 이후 조정에서의 처분만을 조용히 기다리고 있었다.

고려 명장 최영 장군의 리더십

술탄 구출

    최영은 연무원의 사부들과 수련생 생도들과 함께 도선을 타고 강을 건너 평양성 대동문 앞에 도달하고는 말에서 내려 성문의 위수로부터 점검을 받고 성안으로 들어갔다.

    역사의 현장에서 개경의 내성과는 전혀 다른 모습을 보면서 모란봉의 을밀대에 둘러앉아 고구려 항쟁사를 들으면서 토론했다. 을지문덕의 살수대첩, 연개소문의 사수대첩 전략과 평양성 안에 백성들의 호국 의지와 무용담을 칠백여 년이나 지나서야 후세 젊은이들이 듣고 있는 것이었다. 이후 민족의식을 고취하기 위해 동쪽으로 이동하여 강을 건너 단군릉을 참배했다.

    다시 길을 바꾸어서 살수, 의주를 지나 압록강까지 말을 달리며 수련하던 마지막 날이었다. 이윽고 졸본 땅이 건너다보이는 압록강 강변 모래밭에 연무원 사부와 수련생 생도들이 빙 둘러앉았다. 연무원의 사부 안강이 줄을 맞춰 앉아있는 수련들 앞에서 강 건너편을 바라보며 웅변했다.

    "압록강 건너 오천여 리 서쪽 요서와 두만강 북쪽 만 리에 이르는 땅이 고려의 강역이었던 것을 우리는 잊으면 안 된다. 원대한 제국 고구려가 저 수많은 오랑캐를 물리치고 천년 왕국을 이룰 수 있었던 것은 첫째로 자신의 나라를 지키려는 신념에 찬 자긍심이 강한 불굴의 백성이 있었고, 둘째로 그때마다 지형과 지세를 이용할 줄 아는 훌륭한 지도자가 있었으며, 셋째로 곳곳에 튼튼한 성을 만들었기 때문이다."

"이 세 가지보다 더 중요한 것으로 무엇이 있을까?"

최영이 자리에서 벌떡 일어나 큰 목소리로 대답했다.

"평소 꾸준히 다져진 신뢰라고 생각합니다."

사부 안강이 손을 흔들어 앞으로 나와서 자세히 설명해 보라고 했다.

"한 나라의 백성이 된 자로 누구에게나 다 조국애는 있을 것입니다. 그렇다 하더라도 막상 목숨이 경각에 달리면 그 애국심이 흔들릴 수 있을 겁니다. 먼저 장수가 위국헌신의 신념으로 전투에 임하면 전우 또한 그에 대한 깊은 신뢰로 용감무쌍하게 돌격하며 전투다운 전투를 할 수 있습니다. 만약 장수가 제 몫을 다하지 못할 거란 불안감이 들면 전우들에게 도망갈 핑계만 될 것입니다. 따라서 장수는 그 신뢰를 쌓기 위해서 꾸준히 무예와 무술을 연마하고 병법을 터득하여야만 하는 것이라고 믿습니다."

육척이 넘는 체구에다 자신에 찬 목소리로 자기의 생각을 발표하는 최영을 바라보던 안강이 손뼉을 쳤다. 좌중의 훈련원들도 일제히 손뼉을 쳤다.

안강은 다시 말했다.

"손자에 이르기를 명령이 평소에 행해지도록 하려면 병사들과 상호 신뢰를 쌓아야 한다고 하였다. 어떻게 신뢰를 쌓아야 하는지 예를 한번 들어보아라."

그러자 최영은 장수와 병사를 색다르게 장수와 전우로 표현하며 다시 큰 목소리로 전사를 줄줄 읊었다.

"북송의 적청이 부오를 바르게 하고 상벌을 밝히니, 적이 갑자기 침범해 오더라도 한 명의 병졸도 감히 뒤처지는 자가 없었다."

"졸개들을 사랑하는 자식처럼 대하기 때문에 죽음을 함께 만들 수 있는 것이다."

"위나라 오기는 사졸들과 더불어 고통을 분담하였으며, 종기를 앓는 사졸이 있자 그 고름을 빨아내 주었다."

"송나라 맹공이 의원을 보내어 병졸들의 병을 보살펴 주자 병졸들이 감격하여 눈물을 흘렸고, 충세형은 사졸들을 어루만지고 돌보아 줌으로써 목숨을 다 바쳐 싸우도록 만들었다."

안강이 또다시 칭찬했다.

"손자병법을 꿰뚫었구나! 전쟁에서 지휘관은 병사들의 목숨을 책임져야 하는 점에서 다른 지도자와는 큰 차이가 있다. 그러므로 지휘관에 대한 분명하고 확실한 신뢰가 없으면 사기가 떨어지고 배반하기 마련이어서 결국 지휘하는 장수 자신의 안전에도 심각한 위험이 뒤따른다. 그래서 무인 정권 시대에는 씨족을 중심으로 한 사병제도가 생기게 되었다."

최영은 걱정했다. 형제도 없고 사촌, 육촌은 모두 문인이어서 무인의 길에 들어서려는 자신에게 별다른 도움이 되지 못했다.

관우 장군처럼 의형제를 맺을 만한 사람이 어디 있을까? 우제는 술을 좋아하지 않던가? 최영은 고개를 저었다.

무사가 아닌 다른 일을 종사하는 인재가 필요했다. 최충헌처럼 나라에 반역할 뜻이 없으므로 가병이나 사병을 거느리고 싶지도 않았다.

원의 칭기즈칸이나 그를 보좌한 수부타이 같은 지혜로운 장수가 되고 싶었다. 수부타이는 32개의 나라를 정복하고 멸망시켰으며 총 65번의 전투에서 승리했다.

최영은 유탁을 따라 양광도, 전라도에서 왜적을 물리치고도 즉각적인 군관 임용 약속이 지켜지지 않자, 바람을 쐬러 말을 타고 벽란정으로 나갔다. 먼저 벽란도 동쪽 오봉에 있는 감로사에서 너럭바위가 있는 곳으로 나갔다. 거기서 강물을 바라보니 참으로 절경이었다. 강물 위로 햇살이 쏟아져 내렸으며 햇빛을 머금은 물결이 보석처럼 빛나고 춤추며 흘렀다.

예성강 하구는 고려의 문호라서 고깃배와 상선이 베틀의 북처럼 쉴 틈 없이 들락거렸다. 감로사에서 강과 바다를 한꺼번에 보고 나서는 예성강 언덕에 있는 벽란정으로 나아가서 한참 쉬고는 다시 벽란도로 말을 돌렸다.

벽란도는 통상 교역의 중심지로 개경의 관문 역할을 하는 도성에서 서쪽으로 삼십육 리 지점의 예성강 하류에 있었으며 상단이 항구로 들어와서 짐을 내리고 개경의 시전에 물건을 옮기기 전에 먼저 매입하려는 일반 상인들로 가득 넘쳐 있었다.

원나라에서 배가 들어오는 날이나, 대식국(아라비아) 등 외국 상선이 입항하는 날이면 나라의 잔칫날처럼 예성강 하구 나루 벽란도는 새벽부터 시끌벅적하고 소란스러웠다.

개성의 각종 상인은 물론 벽란도에 파견되어 온 장사꾼과 짐꾼 등이 서로 뒤섞여 북새통을 이뤘다.

때마침 왜구가 강화 앞바다까지 몰려와서 수적질로 막 예성강 하구 입구에 닿는 대식국의 상선을 약탈하는 사건이 일어났다. 대식국 선원들은 바다에 뛰어들어 몸만 겨우 살아나오고 선박과 물품을 송두리째 빼앗기는 사건이 일어났다.

긴급 출동한 고려군이 쾌속선을 타고 구출하려 했으나 겁을 먹은 병사들이 배를 타려고 하지를 않았다. 대식국 선원들이 발을 동동 굴리며 우리 배가 탈취당하여 선원도 끌려갔다며 선원이라도 살려달라고 도움을 요청하고 있었는데도 속수무책이었다.

때마침 최무선과 벽란도 나루터를 서성거리다 그러한 광경을 목격한 최영은 흔쾌히 나서면서 도와줄 각오를 했다.

"내가 배를 타겠소."

"젊은이는 누구시오?"

수위군 간부는 건장한 최영을 올려다보면서 물었다.

옆에 있던 최무선이 대답했다.

"이분은 유탁 장군과 함께 전라도에서 왜구를 무찌르고 돌아온 장수 최영이라오."

"합포에서 왜구를 때려잡았다던 그 최영이오?"

"그렇소."

수위군 병사의 칼을 건네받은 최영은 쾌속선에 올라타자마자 강화도 앞까지 추격하니 왜선은 빼앗은 대식국 상선을 꽁무니에 매달고 막 착량으로 빠져나가려고 하고 있었다.

최영이 배에 올라 왜구와 사투를 벌였다. 왜구를 바닷물에 빠뜨려 죽이고는 배를 빼앗았다. 배에는 잡혀서 끌려가던 술탄이라는 아라비아 상인이 있었는데 술탄 일행을 구출하고는 그들을 도성으로 데려왔다.

전공을 모두 수위군에게 돌렸다.

수위군 간부와 사병들이 최영에게 넙죽 절을 했다.

"최장수, 정말 고맙소."

도성으로 데려온 술탄과 그 일행들을 최무선이 보호해 주었다. 그들은 도성에 지내면서 매일 낮에는 벽란도로 나가서 자기 나라의 상선을 기다렸다.

석 달 후, 마침내 복건성 천주에서 출발한 아라비아 상단의 상인들이 벽란도를 통해서 입국했다. 술탄 일행의 소식을 알기 위해 수소문을 하던 중 개경에서 술탄을 만났다.

고려 명장 최영 장군의 리더십

열흘 후, 출항하는 날이었다. 그들은 숙식을 제공하며 보호해준 고마움을 금전으로 보상하려고 했으나 최무선이 받지 않았다. 술탄은 호신용으로 가지고 다니던 '다마검(多魔劍)'을 최무선을 통해 최영에게 선물로 남겼다.

이때는 벌써 최영은 붉은색 철릭을 입고, 우다치로 임명되어 왕을 경호하고 있어서 술탄을 전별할 수가 없었다.

최무선이 아라비아 상인 술탄으로부터 받아 보관하던 다마검을 최영에게 주기 위해 벽란도로 불렀다.

"형님, 비번 날에 짬을 내어서 벽란도로 나오십시오."

최영이 말을 타고 약속 장소인 벽란정으로 왔다. 최무선은 차를 마시며 비단 보자기를 풀어 다마검을 꺼냈다.

"죽을 목숨이 장군 덕분에 살았으니 이제 이 호신용 칼이 제게 무슨 소용이 있겠습니까? 고마움의 징표이니 부디 받아주십시오."

최무선이 술탄의 말을 전했다.

"아우에게 준 것이 아닌가?"

최영은 정색하며 다마검을 받지 않았다.

"형님은 모르는 말씀입니다. 술탄은 그날 형님이 왜구를 물리치는 무예와 용맹을 보고는 감탄하여 이 칼을 선물한다고 했습니다. 그가 석 달간 머물렀던 비용은 그 일행들이 저에게 별도로 넉넉하게 주어서 받았습니다."

최영이 다마검을 받아 물결무늬 칼을 꺼내 보았다.

최영과 최무선 두 분의 아버지들도 같은 직급의 관리로서 친한 사이였고 서로가 호형호제하면서 절친한 사이였다. 최무선이 중대 결심을 한 듯이 최영에게 제의하였다.

"형님, 우리도 관우와 장비같이 의형제가 되어서 어지러운 나라를 구할 결의를 다짐합시다."

최영이 화답을 했다.

"그렇지 않아도 나도 같은 생각을 하고 있었네."

"그럼, 이 다마검을 두고 맹세하는 의식을 치르세."

최영이 먼저 술잔 위로 손바닥을 올려 다마검으로 피를 내었다.

두 사람이 잔을 나누어 달을 향해 높이 들어 외쳤다.

"혈잔을 잡고 달에게 맹세하오니(把血誓月) 대장부로서 목숨을 바쳐 나라를 지킬 것이며 고려의 옛 땅 요동을 되찾을 것이다."

예성강 하늘 위에 걸린 가을의 보름달이 그들의 결기처럼 더욱 붉으며 환히 밝혀주었다.

고려 명장 최영 장군의 리더십

우달치로 발탁되어
군관이 되다

❖

　1351년 가을, 공민왕과 노국대장공주가 원에서 돌아왔다. 개경을 떠난 지 10년 만에 고국으로 돌아온 것이다.

　공민왕은 충숙왕의 둘째 아들로 태어나 강릉대군에 봉해졌는데 원나라 순제의 입조 요구에 따라 열두 살 어린 나이에 원으로 끌려가 숙위(宿衛)로 연경에 머물러 있었다.

　그동안 고려는 조카 충목왕이 즉위했으나 4년 만에 사망하고, 뒤를 이어 어린 충정왕을 추대했으나 안정되지 않고 혼란스러워지자 폐위하고 강릉부원대군을 고려 31대 왕으로 추대했다. 그가 스물두 살의 공민왕이다.

　왕비는 원나라 위왕의 딸인 노국대장공주였다. 그녀는 충정왕 원년에 결혼하여 공민왕의 즉위와 함께 온 것이다. 왕으로 즉위할 당시 고려에는 잦은 왜구의 침입과 불안정한 정치로 인하여 민생이 파탄에 이르는 피바람을 예고하고 있었다.

　1352년 정월 오전, 왕은 배전과 윤시우의 인척으로 구성된 우달치와 숙위병을 갈아치우려고 직접 우달치를 뽑는 장소로 입장했다.

공민왕은 우달치 후보들이 펼치는 수박희와 무술을 자세히 살펴본 뒤에 유독 한 사람을 손으로 가리키며 물었다.

"저 자는 누구인가?"

이암이 왕의 뜻을 알아차리고 윤시우의 반대로 덕령공주가 미루어 왔던 최영의 입사 문제를 왕에게 추천하여 매듭지으려 했다.

"전하, 저 자는 충렬왕의 스승이셨던 최옹의 손자이고 전 사헌부 간관 최원직의 아들 최영이라고 합니다."

"그렇다면 대대로 충성한 최유청 가문의 자제이군요."

왕은 자신의 증조부 충렬왕의 스승이었던 최옹의 손자라는 것을 알고 그 자리에서 즉시 우달치로 임명하고 싶었지만, 기황후의 오빠인 기철을 내려다보았다.

기철이 아뢰었다.

"전하, 저도 이미 유탁으로부터 남도에 침투한 왜구와의 전투에서 최영이 가장 용맹하게 적과 싸웠다는 이야기를 들은 적이 있습니다. 아마, 이만한 인물은 없어 보입니다."

유탁을 핑계로 대었지만, 사실은 자기 아버지와 고종사촌인 최방계 형제로부터 대범하고 용맹스러운 점을 들은 적이 있었다.

최방계는 백부 최원중의 아들이고 최영의 사촌형이었다.

공민왕은 주변 신하들이 모두 추천에 동의하므로 최영을 대전으로 불러들였다.

용모가 듬직하고 완력이 있어 보이는 최영은 신하들의 도열 사이로 나아가 왕 앞으로 성큼 나아갔다.

왕은 최영의 용모를 한 번 더 보더니 가까이 오도록 하고는 물었다.

"그대는 삼국지를 읽었는가?"

"네, 전하, 삼국지를 여러 번 읽었습니다."

"그러면 가슴에 담고 있는 한 대목을 외워 보시게."

최영은 삼국지에 나오는 '제갈량전'의 한 부분을 외우면서 "승상은 상을 내릴 때 소원하다고 빠뜨린 적이 없었고 벌을 내릴 때 가깝다고 봐준 적이 없었다. 작위를 내릴 때도 공이 없는 자가 얻는 것을 허용하지 않았고 형을 내릴 때도 권귀라고 해서 면한 적이 없었다. 이것이 바로 현우를 막론하고 모두 몸을 잊고 보국하게 된 원인이다."라고 했다.

공민왕은 듣고 나서 최영의 장수다운 기상과 충절의 기운이 남다르다고 칭찬하면서 곧바로 우달치(迂達赤, 숙위 군관)로 임명하였다. 마침내 최영은 임금을 가까이에서 모시는 영광을 얻었다.

퇴궐하여 곧바로 집에 들러서 어머니에게 여쭙고는 부인과 아들 담에게 알렸다. 부인 유씨가 흘리는 감격의 눈물을 뒤로하고는 곧바로, 송부개와 최무선을 만나려고 시전으로 나갔다.

술집이 즐비한 개천가의 한 주점에 자리를 차지하고 기다리던 최무선이 반갑게 축하의 술을 따르고 예를 올렸다.

"형님, 이제야 제대로 주인을 만났군요. 위국 충성하는 훌륭한 장수가 되십시오."

"고맙네, 아우. 그런데 말이야, 주상께서 나에게 삼국지를 읽었느냐고 물었는데 그때 눈빛이 마치 조조와 같았어."

송부개가 소스라치게 놀라며 마시던 술잔을 급하게 내려놓았다.

"그렇다면 우리 공방이 엄청나게 바빠지겠군."

"허허허!"

세 사람이 동시에 크게 웃었다.

그들만이 아는 웃음이 하늘을 흔들었다.

한참 후, 그들 셋은 詩를 함께 낭송하며 헤어졌다.

대로 자라서 허리가 꺾이어 털(毛)을 만나니 붓(聿)이요,

대로 자라서 몸통이 잘려 촉(鏃)을 끼우니 전(箭)이로다.

사내로 태어나서 태평에는 붓을 쥐고 시를 읊을 것이요,

사내로 태어나서 위난에는 화살을 메고 말을 달릴 것이다.

첫 출근 날, 전법사로 자리를 옮긴 이인임과 광화문(廣化門) 앞 병부교에서 만났다. 멀리서 느린 걸음걸이만 봐도 그가 이인임이라는 걸 알았고 큰 몸집만 봐도 그가 최영인 줄 서로가 알았다.

"이보게 아우님, 축하하네. 전하를 모시러 황궁으로 들어가는 길인가?"

"이것이 다 형님의 보살핌 덕분이 아니겠습니까?"

"허허, 이 사람."

"광화문 앞에 서니 지난날 여기 병부교 다리 위에서 형님과 한 맹세가 생각납니다."

고려 명장 최영 장군의 리더십

"나는 정승에 오르고 아우는 상장군이 되어 고려를 이끌자고 한 맹세 말인가?"

"그렇습니다. 비록 제가 뒤늦게 관직에 이름이 올랐지만 제 한 몸 나라를 위해 바칠 것입니다."

이인임은 최영의 다짐이 결코 빈말이 아니라는 것을 누구보다도 잘 알고 있었다. 그는 공명정대하여 조금도 부끄러움이 없는 행동으로 실천하며 곧게 살기 때문에 맑은 거울처럼 그 속과 겉이 같고 흐르는 물처럼 막힘이 없는 사람임을 잘 알고 있었다.

이인임은 최영이 우달치가 된 것이 자랑스러웠다.

"젊은 전하를 어버이보다 귀하게 모시게. 그것이 아우님이 갈 길일 것이네."

"네, 명심하겠습니다."

최영은 왕을 근접에서 경호하는 임무인 우달치로 발탁이 되어 왕궁에서 근무하기 시작하였다.

며칠 뒤, 부인 유씨와 아들 담과 손자 귀덕을 데리고 고제를 지내려고 선영이 있는 고양현 대자산(고양시 대자동) 기슭에 가벼운 발걸음으로 떠났다. 아버지의 무덤 앞 상석 위에다 제수를 진설하고 향을 피워 술잔을 올려 절을 한 뒤에 묘 주위에 잡초를 뽑았다.

"아버지의 뜻에 따라 마침내 무관이 되었습니다. 오직 나라에 충성하고 부모에게 효도하는 아들이 되겠습니다."

라고 언약하였다.

현린, 최무선과 의형제를 맺다

현린은 누이 연이가 원으로 고려 공녀로 뽑혀가자 곧바로 다섯 살 터울인 여동생과 함께 어머니 친정이 있는 영월로 갔다.

영월 세달사로 찾았으나 작은 절이라 오래 머물 수가 없었다. 주지 법연 스님이 학승을 시켜 가람이 큰 오대산 월정사로 현린을 옮겨가도록 했다.

월정사에서 정식으로 출가한 후에 "만심이 일심이 되고 일심이 불심이 되더라도 나라 잃은 불심은 코끝에만 서리지요."라는 언행을 관찰하던 사승 학평이 현린은 나라를 구할 비구이니 함부로 대하지 말 것을 주문하기도 했다. 체격이 우람하고 국제정세에도 밝은 현린이었다.

최영은 그를 통해 다른 세계를 맛보았으며 더 큰 호연지기를 품게 되었고 명문가의 후손이라는 자부심은 그를 만날 때에는 드러낼 수가 없었다.

현린은 말을 타지 않아도 빠르고 칼을 들지 않아도 상대를 제압하는 능력이 있었다. 보통의 비구들과는 남다른 영민함이 풍겼다. 월정사에서 수도를 마치고 세달사로 옮긴 후에도 해가 갈수록 불경이 아닌 역사에도 관심을 가졌다.

도선의 '비기'를 해석하면서 예지력이 확대되며 '대륙에 풍파가 일어 그 바람이 고려로 향하는구나!' 현린은 그 풍파가 무엇인지 참으로 궁금했다.

현린은 오대산 월정사에서 수도하고는 많은 명산대찰에서 수행했으며 평소에도 항상 죽마고우면서 동네 친구인 최영과 의기투합하여 고려가 강성해지기 위해서는 난세를 이용하여 힘을 길러 고구려와 발해의 옛땅을 되찾아야 한다는 데 의견일치를 보였다.

마침내 준비를 철저히 하고 이른 새벽에 바랑을 싸서 정들었던 세달사를 떠났다.

영월 청령포에서 뗏목 배를 대절하여 약초가 담긴 큰 상자를 싣고 사미승 무급을 데리고 출발했다.

봉미산을 뒤로하고 한강을 앞에 둔 강변의 절인 신륵사에서 "무급아, 이곳에서 큰스님을 만나 성불할 터이니 너는 여기서 정진하여라."라고 하면서 사자 새끼처럼 느껴지는 무급의 정수리를 쓰다듬으며 이별 의식을 치렀다.

무급은 배의 꼬리가 물결에 파묻혀 보이지 않을 때까지 기도를 올렸다.

"스님, 부디 하시는 일 성취하소서. 그리고 성불하소서."

배는 어느덧 제비 꼬리처럼 두 갈래로 나뉘어 흐르던 강물이 하나로 합쳐진 양수리를 지나 마포나루에 당도했다. 곧바로 다른 어선을 빌려 타고 벽란도로 향했다.

자신의 처지와 이상을 알아줄 사람이 과연 도성에 있을까?

먼저 산삼을 일부 팔아 개경 옛집을 빌려서 그곳을 거처로 정하고 우황청심환을 만들며 귀인을 기다려야겠다고 생각했다.

현린은 최영이 우달치가 되어서 왕을 모신다는 것을 알고 최영의 집으로 찾아갔다.

흙 담장과 기와를 얹은 집에는 노부인 지씨와 부인 유씨가 대청마루에 앉아서 마당에서 병아리를 잡을 듯이 뒤를 쫓고 있는 최담의 아들 귀덕의 귀여운 재롱을 바라보고 있었다.

열린 대문 앞에서 탁발승처럼 바랑을 등에 지고 현린이 목탁을 가볍게 쳤다.

"나무아미타불 관세음보살."

"아이쿠, 스님이 오셨네!"

부인 유씨가 마당을 가로질러 대문 앞으로 가서는 스님을 향해 합장했다.

"스님, 오랜만에 뵙습니다. 안으로 들어오시지요."

"나무아미타불 관세음보살."

현린이 집 안으로 들어서자, 노부인 지씨가 대청마루에서 섬돌로 내려와서 반갑게 맞이하였다.

"스님, 어느 절에서 오셨는지 얼굴이 많이 익습니다."

"어머님, 저를 기억하시는군요? 제가 영이와 어릴 때 친구인 현린입니다."

그러자 노부인은 두 손으로 현린의 손을 부여잡아 비비며 반갑게 인사를 나눴다.

현린은 한참 동안 귀덕의 머리를 어루만지고 덕담을 주고받다가 바랑을 풀어 작은 통 하나를 꺼내 지씨 부인에게 내밀었다.

"아니, 이것이 무엇인고?"

노부인이 통을 열어 겹겹이 덮여있는 푸른 이끼를 들추니 산삼 여러 뿌리가 보였다.

"아이구, 이 귀한 것을 내게 주려는가?"

"어머님, 이것은 작년에 캔 가을 산삼이라서 연세가 높으신 분이 드시면 원기회복에 좋다고 합니다."

현린은 남편을 여의고 혼자서 아들 내외를 뒷바라지하느라 변변한 보약 한 첩 못 드셨을 어머님께서 꼭 드시길 바랐다.

"게다가 가을 산삼은 귀하다 귀한 삼인데, 예전에 도와주지 못한 것도 죄스러운데 어찌 염치없이 이런 선물을 받는담?"

노부인 지씨는 현린의 가족사를 회상하듯이 말했다.

앞뜰에는 모감주나무 꽃이 특유의 황금빛 찬란한 노랑 빛을 흩뿌리며 흐드러지게 피어있었다.

어릴 때 집 마당처럼 돌아다녔던 도심 한가운데로 나갔다.

개경의 광화문에서 십자대로에 이르는 길의 좌우 변의 점포들인 시전에서 우황청심환 재료인 서각을 구하지 못하자 답답한 마음으로 벽란도로 나갔다.

현린이 찻집에서 주인에게 물었다.

"어디로 가면 통인을 만날 수 있소?"

고려 여인의 머리를 한 낭자가 녹차를 탁자 위에 내려놓으며 대답했다.

"스님, 오는 날이 장날이라더니 마침 건너편에 그분이 와 계시네요."

맑은 목소리로 대답하며 강을 향한 창가를 가리켰다.

"저기 비단옷으로 차려입은 멋진 청년이 그 분이오?"

"그럼요, 제가 가서 말씀드릴까요?"

그녀는 그와 오래전부터 친분이 있는 듯이 말했다.

"아니, 내가 직접 가야 예의에 맞을 것 같소."

찻집으로 나가자, 최무선이 일행이 막 자리에서 일어서고 있었다.

"공자, 잠깐 이야기 좀 나눕시다그려."

눈썹이 짙고 콧대가 곧은 스님이 그의 앞에 가로막는데 일어설 수가 없었다.

"지금 집안에 급한 일이 있어 얼른 가봐야 합니다."

"공자의 눈빛이 집안 어른께 우환이 있어 보입니다. 그렇지 않소?"

최무선은 자신의 눈빛만으로 집안일을 알아맞히는 그를 물리칠 수가 없어서 앞자리를 권하며 인사를 했다.

"저는 도성에 사는 최무선입니다."

"소승은 영월 세달사에서 온 현린이오."

두 사람의 첫 만남은 이렇게 이루어졌다.

고려 명장 최영 장군의 리더십

현린은 바랑에서 곱게 싼 작은 상자에서 청심환 한 알을 꺼내어
주면서 말했다.

"이것은 청심환이오. 기혈을 보하고 정신을 맑게 하고 안정시키
는 효능이 있소. 조금씩 씹어서 드시게 하시오."

최무선은 귀한 약을 주셔서 고맙다는 말을 남기고는 급하게 말
을 몰아 찻집을 떠났다. 함께 있던 하급 관리 주부가 민망하였는
지 대신 예를 갖추어 정중히 인사했다.

"저 사람이 침착한 성격인데 부친이 편찮아서 많이 당황한 것
같습니다. 스님께서 양해하시길 바랍니다."

조금 전에 떠났던 말발굽 소리보다 더 빠른 말발굽 소리가 찻집
앞에서 멈췄다.

"스님, 저녁에 신창관에서 다시 뵐게요. 그리로 오십시오."

최무선은 다시 뵙기를 청하는 말이 마치기 무섭게 급한 마음으
로 재빨리 말을 몰아 떠나갔다.

저녁 무렵에 신창관에서 두 사람이 다시 만났다.

"부친께서 청심환 한 알을 드시고 금방 원기가 회복되고 정신이
맑아지신 것 같다고 하니 자식으로서 무한히 감사를 드립니다."

현린은 겸손하게 되받았다.

"별말씀을요, 약이 효과가 있었다고 하니 참으로 다행입니다."

송부개가 그들이 신창관에 있다는 소식을 듣고 각궁의 재료로
사용하다 남은 서각 부스러기를 한지에 싸 들고 급히 왔다.

"서각 몸체를 쓰다가 떨어진 부스러기입니다. 약에다 넣어서 끓

일 거면 이것으로 충분할 것입니다."

현린은 공방에서 나오는 서각 부스러기는 생각하지 못하고 있다가 마침내 해결책을 찾았다.

현린은 최무선을 찾은 이유를 밝혔다.

자기가 중국말을 배워야 하는 이유를 말하고 국제정세를 논하며 나라의 앞날을 걱정했다.

최무선도 최영 형님이 종용하여 중국말을 배우고 있다고 했다.

현린은 최영의 근황을 물으며 어릴 적 나와는 막연한 사이였고 누나와도 절친한 친구였다고 하면서 현린과 무선 둘은 최영이 왜구를 물리치고 우달치가 된 무용담을 술로 삼고 벽란도의 무역 이야기를 안주로 삼아 이야기에 취했다.

최무선은 현린이 최영 형님과 오랜 친구라는 것을 알고 형님으로 모시기로 하고 자기에게 낮춤말을 쓰게 했다.

현린은 최무선을 만나서 기본적인 중국말과 몽골말을 배우고, 최무선은 현린에게 의술과 약재에 대해서 기본적인 것들을 배우고 익혔다.

최무선이 언뜻 생각이 난 듯 말했다.

"스님, 중국말은 중국 현지에서 배우는 편이 훨씬 빠를 것입니다. 또 산동이나 양주나 명주에는 고려 사람이 많이 살고 있으니 어렵잖게 소통이 될 겁니다."

현린은 그의 말에 귀가 솔깃하여 조언을 받아들여 산동성과 대도에는 이미 유학승이 줄을 잇고 있으니, 남송의 불교문화가 남아 있을 강소성 양주로 가는 배를 타야겠다고 판단했다.

현린은 결심하고 최무선에게 말했다.

"나는 멀리 강소성과 절강성으로 유람하면서 밝으신 스승을 만나 부처님 말씀을 배우러 떠나려 하네."

"스님, 그렇다고 갑자기 떠나시렵니까?"

"강소와 절강은 수륙으로 만 리나 떨어져 있고 풍수와 음양의 기운이 고려와 다릅니다. 게다가 그곳에는 난리가 그치지 않고 길도 매우 위험합니다."

현린은 등에 멘 바랑을 툭툭 치면서 대답했다.

"무릇 불자란 법으로 몸을 삼고, 지혜를 목숨으로 삼으며, 선열을 음식으로 삼고, 자비를 의관으로 삼으며, 법계를 집으로 삼는다네! 원래 생멸과 증감이 피차 구별도 없어 공경하고 믿으며 공손하게 예의로 대한다면 세상 사람이 모두 내 형제이니 어찌 길의 험난함과 몸의 안위를 걱정하겠나. 그리고 이 바랑에 든 귀한 약재가 오고 가는 비용으로 충분히 소용될 걸세."

이윽고 현린은 서해를 건너 유서 깊은 도량을 찾아 떠났다.

최무선은 최영에게 전했다.

"스님의 몸은 본래 머무름 없어 외로운 구름처럼 홀로 먼 길을 떠났습니다."

최영은 최무선 같은 성품이 통달 민첩하여 각 분야의 책을 널리 읽어 병법을 잘 알고 국제적인 감각과 창의적인 생각을 지닌 부유

한 사람이 필요했으며, 현린과 같이 소통 능력이 뛰어나서 전상을 입은 병사를 치료해 주고 전사한 병사가 극락왕생하도록 서원해 주며 그들 가족의 아픈 마음을 달래줄 지장보살 같은 형제가 필요한 것이었다. 그러한 연유로 친구이면서 한 살 어린 현린과 아홉 살 어린 최무선과 서로 의형제를 맺었다.

최무선은 술탄이 아라비아 상단을 이끌고 고려에 오게 되면 그들과 접촉하여 비단과 목면과 삼베를 무역하며 돈을 벌었으며 이 때부터 세상의 변화에 크게 눈을 뜨게 되고 술탄으로부터 1260년 9월 3일 아인잘루트 전투에서 화포(핸드 캐논: 사람이 들고 운반이 가능한 화포)를 사용하여 물리친 전투 상황을 들었다.

왕실을 보호하는 장수

1352년 우달치로 발탁이 되어 왕궁에서 근무하던 3월, 강화도 교동과 동강 하류에 왜선이 어마어마하게 몰려오고 있다는 보고가 올라왔다.

김휘남은 왜적의 배가 매우 강성한 것을 바라보고는 휘하의 군사가 적어 대적할 수 없다고 판단하고 서강으로 돌아와 급히 군사 지원을 요청하였다.

왕은 친위대장 김용에게 각 영의 병력과 궁성의 경호군인 홀적을 서강, 갑산, 교동으로 나누어서 보내 적을 대비하도록 하였다.

김용은 왜구를 물리친 경험이 있는 우달치 최영을 앞장세워 서강으로 달려갔다.

왜구는 조운선을 빼앗아 식량을 약탈하며 관가나 민가를 파괴하기도 하고 백성을 납치해 가는 만행을 저지르며 개경 입구인 교동이나 강화도는 물론 임진강과 동강까지 넘보았다.

고려군은 패배를 거듭하면서 왜구를 능히 다 막아내지 못했으나 최영이 참전한 곳에서만 승전보가 날아왔으며 그 기세를 몰아 서서히 물리쳐 왜구들은 서해로 물러갔다.

그러한 시기에 정치적 혼란을 그대로 보여주는 사건인 '조일신의 반란'이 일어났다. 그는 충선왕 공신인 조인규의 손자이며 충숙왕 때 찬성사를 지낸 조위의 아들이다. 공민왕이 세자 시절 원나라 숙위 당시 시종한 공으로 참리가 되었고 이후에는 연저수종공신에 책봉되어 찬성사로 임명되어 전횡을 일삼기 시작했다.

　권세를 이용해서 마음대로 결심하고 실행하는 횡포를 일삼으며 그 교만 방자함이 도를 넘어 왕권을 위협하였다.

　왕 좌우의 신하들을 미워하여 업신여기며 안하무인이 되었으며 공민왕이 인사권을 도맡아온 정방을 철폐하자, 권세를 누리던 조일신은 이에 반발하며 부활을 강력하게 요구하는 등 권력에 대한 야욕을 갖고 난을 일으킬 것을 모의했다.

　조일신이 그 일당인 정천기 등 10여 명을 자기 집에 모으고는 모의를 한 후에는 거리의 불량배까지도 함께 불러 가담토록 했다.

　이들은 기철, 기륜, 기원, 기주 등 기씨 형제와 고용보, 이수산 등의 세력을 제거하려고 모의하고는 그들을 죽이려고 야밤을 타서 공격했으나 기원만을 잡아 목을 베고 나머지는 달아났다.

　당시 공민왕은 성입동 시어궁에 머무르고 있었다. 조일신은 무리를 거느리고 들어가 포위한 뒤 수직하고 있던 판밀직 최덕림과 상호군 정환, 친종 호군 정을상을 죽였다.

　왕과 공주가 천동 이궁으로 옮겼는데도 호위하는 군사가 모두 적의 무리였으므로 성안의 백성들이 왕을 위태롭게 여겼다.

날이 밝자 조일신이 왕을 위협하여 어보를 열도록 하고는 스스로 우정승에 제수되고 정천기를 좌정승으로 삼고, 나머지 이권을 판삼사사로, 나영걸을 판밀직사사로, 정승량을 응양군 상호군으로 삼고는 다른 무리에게도 각각 차등 있게 벼슬을 주었다.

홀치순군으로 하여금 대대적으로 기철의 집을 수색하게 하고 그의 어머니와 아내를 잡으니 체포된 사람이 옥에 가득 찼고 무기를 가진 군사가 길거리에 넘쳤다.

조일신은 자신의 행위를 숨기려고 최화상의 목을 베고는 왕에게 반란의 적을 잡으라고 권했다. 왕은 의심하고 승낙하지 않았다.

조일신이 신경질을 부리며 다그쳤다.

"우두머리 없이 일이 성사되는 것이 어디 있습니까."

왕은 부득이 칼을 차고 십자대로에 나가니 그제야 백관들이 모여들었다. 정승량 등을 체포하고 정천기를 옥에 가두며 그 아들 총랑인 정명도를 베었다.

조일신은 스스로 자기에게 찬화안사공신의 칭호를 더하고 왕의 좌우에 있으면서 칼을 빼어 들고 기세를 부리니 백성들이 한심하게 여기지 않는 이가 없었다.

공민왕은 조일신을 증오하여 비밀리에 삼사좌사 이인복을 불러 의견을 물었다.

이인복은 용기가 있고 강직한 사람이었다.

"전하, 남의 신하로서 난을 일으킨 자에게는 본디 떳떳한 형벌이

있으며 더구나 지금 천조의 법령이 밝은데 만일 머뭇거리고 결단
을 내리지 않는다면 허물이 주상께 미칠까 두렵습니다."라고 주청
했다.

왕은 고개를 끄덕였다. 조일신을 주벌할 것을 결심했다.

조일신을 잡아 오라는 왕의 밀명을 받은 우달치 최영은 안우, 최
원 등과 함께 행궁으로 달려갔다.

최영은 선두에서 단숨에 달려가 항거하는 반란군을 모조리 진
압하였으며 잔당까지 모두 잡아드렸다.

조일신을 잡아 와서는 정동행성 문밖으로 끌어내어 백성들이 보
는 앞에서 목을 베었다.

조일신 난을 평정하는 과정에서 최영의 용맹스러움과 충성심이
임금으로부터 신뢰를 쌓았으며 도당에서는 공로를 주청하여 장군
인 호군(護軍)으로 임명하였다.

무기력한 정치적인 혼란과 공신들이 권력을 믿고 군주를 배반하
는 시기에 최영 장군은 고려 말 역사의 전면에 등장하면서 본격적
으로 나라의 위기를 해결하고 왕실을 보호하기 시작하였다.

고려 명장 최영 장군의 리더십

장사성 토벌 원정군으로 출정

1354년 6월, 원나라 강소성 고우 지방에서 농민 출신으로 소금 장수를 했던 장사성이 반란을 일으켜 수세에 몰리자, 이들을 진압하기 위해 원나라 황제의 명령이라며 승상 탈탈은 고려 지원군이 8월 10일까지 대도에 도착하여 장사성 토벌군으로 합세하라며 파병을 요청했다.

원나라 말기 폭정과 정치적 폐단을 보여주는 농민 반란 사건이었으나 공민왕의 반원 정치가 본격화되기 이전 고려의 무기력한 정치 상황을 그대로 보여주었다.

공민왕은 탈탈의 파병 요청에 고려군을 출정하여 당시 중국 상황을 파악하고 고려의 주권을 완전히 되찾아오기 위해서 참전하였다.

고려 조정에서는 유탁, 염제신, 인당, 이방실, 정세운, 최영, 최운기, 안우, 황상, 이권 등 장군 15명과 25여 명의 장수와 서경의 수군 3백여 명을 징발하고 용감한 군대를 모집했다.

최영은 특진하여 대호군(大護軍)으로 임명되어 장군으로서의 점잖고 엄숙한 기개와 용맹스러움을 갖추고 참전에 임하였다.

7월 초 유탁, 염제신 등 40여 명의 장수와 정병 2천여 명을 거느리고 원나라로 출전하니 왕이 친히 영빈관으로 나와서 열병하고 전송했다. 유탁이나 염제신은 원의 대도에서 청년기를 보냈었고 사신으로 여러 번 다녀왔던 사람으로 원나라 말도 익숙했으며 조정에 친분이 있는 사람이 많았다.

공민왕이 친히 장수들에게 당부했다.

"전투에 임해서는 반드시 이기고 혹 적장을 잡으면 벨 것이나, 포로 중에 고구려 유민이 있다면 용서해야 할 것이오."

소금과 의녀를 비롯한 무희와 기생들도 원정군과 함께 딸려 보냈다. 이들은 비밀 공작원으로 활동하기 위해서였다.

마상에 능한 이방실의 여동생 이방연이 의녀 겸 비밀 공작원으로 따라나섰다.

8월 말, 고려의 군사들이 원나라 대도인 연경에 입성했다. 어떤 이유로든 고려의 군사가 대규모로 타국의 수도에 입성하는 것이 처음 있는 기념할 만한 일이었다.

이역만리 행군해 온 2천 군사들을 위해서 연경에 거주하는 고려인 1만여 명이 고국의 군사들을 위하여 환영대회를 열었다.

궁궐 남문 밖에 있는 법원사에서 환영식을 열었는데, 황제와 기황후가 격려금을 냈으며 승상 탈탈의 부인 연이도 모녀와 함께 참석하였다.

환영대회 3일 후, 고려군들은 군율을 지키며 일사불란하게 줄을 지어 남쪽으로 행군하였다. 그 뒤를 대도에 살던 고려인들 가운데 2만 3천여 명의 장병이 따라나섰다.

10월, 고려군은 하루 오십 리 이상을 걸으면서 드디어 강소성 고우지방에 도착했다.

탈탈은 공성에 능한 고려군을 제1군으로 편성하여 선봉에 맡겼다. 유탁은 고려군을 다시 편성했다. 인당을 중군, 안우를 좌군, 이방실을 우군으로 편성했다.

최전방에서 성벽을 타고 올라가는 돌격조는 최영과 최록이 각각 긴 성벽을 나누어 맡고, 황상은 북문의 저격조를 맡았다. 이권은 강벽으로 탈출하는 장사성의 부대를 막기 위해서 대운하 주변에 배를 띄웠다.

유탁이 가장 아끼고 신뢰하는 최영이 선봉장을 맡았으며 그 뒤에 궁수들이 뒤를 따랐다.

최영 장군은 등에 두 개의 칼을 엇걸어 메고 손잡이가 창대처럼 길며 끝이 두 갈래 지고 작두 모양으로 넓적한 반월도를 양손으로 잡고 있었다. 반월도는 그 무게가 서른여섯 근이나 되었다.

비늘 갑옷 속에는 삼국사기에서 베껴 쓴 을지문덕과 연개소문전, 기황후가 준 병서를 하얀 비단 보자기에 싸서 마치 방시복처럼 앞가슴에 두르고 있었다. 마지막 비장기인 '다마검'은 종아리에 각반을 두르고 꽂았다.

칼자루를 높이 쳐들고 병사들 앞에 서서 큰소리를 외치면서 선창했다.

"적을 향해 돌격하는 이 칼자루에는 나를 믿고 함께 싸우는 전우의 목숨과 무사 귀환을 바라는 가족들의 염원이 담겨있다."

"고려군은 앞의 전우를 따르고! 옆의 전우를 도우며! 뒤의 전우를 믿어야 한다!"

선창이 끝나자, 고려군은 일시에 대나무 사다리를 타고 성벽에 뛰어올랐다.

성벽을 지키던 장사성 군사들이 물러나면서 화살을 쏘고 저항했다. 최영 장군을 호위하던 장수가 화살을 맞고 쓰려졌다. 부축해 뒤로 물리고 성문으로 뛰어드는 순간 화살이 가슴팍을 정통으로 맞혔다.

정신을 차려 눈을 떠보니 화살촉이 갑옷에 매단 쇳조각 비늘을 헤집고 덩그렁 걸려 있었다. 천만다행으로 기황후가 준 고려 한지에 인쇄한 병서를 화살촉이 뚫지 못했다.

고려군은 장사성의 군사들이 전혀 생각지 못한 방법으로 공략을 감행하여 고우성 안과 밖의 전투에서 무리를 크게 무찔렀다.

고우성을 비롯하여 양자강 남북을 오가며 전투를 감행하여 마침내 반란군 근거지 함락을 눈앞에 두었으나 탈탈을 참소해서 황제가 회안으로 유배를 보내어 실각함에 따라 반란군에 대한 공격이 중지되고 철수에 이르렀다.

그 이듬해에도 최영 장군은 선봉장으로 고우 북쪽 회안로에서 장사성 반란군과 전투를 하였으며 양주로 이동하여서는 팔리장에서 여러 차례 공격을 감행하여 장강 북안까지 진출했다.

고려 원정군은 육합성을 탈환했으며 회안의 서쪽 홍택호의 남단 사주를 공격하여 함락하고는 안휘성 쪽의 물길을 차단했다. 장사성 반란군이 회안성을 포위하고 공격했을 때도 최영 장군은 선봉장에서 밤낮으로 전력을 다해 싸웠으며 혈투 끝에 적을 격퇴했다.

다른 반란군인 주중팔(명태조 주원장)은 육합의 경계인 안휘성 저주에 웅거해 있었다.

고려군은 별도로 양주 서쪽에 손덕애가 차지한 육합성을 공격했으며 함락당한 육합성 인근 노약자들의 피난 행렬을 도와주었다.

주중팔이 고려군 최영 장군이 육합성에 제일 먼저 돌파했다는 상황을 보고 받고는 저주로 재빨리 철수했다.

회안로 전투에서 최영 장군은 먼저 용감한 군사들로 하여금 점령한 지역을 반란군이 상륙하지 못하게 차단하고는 뒤이어 안우와 이방실의 부대를 출동시켜 공격을 하니 아침에 시작하여 저녁까지 이르렀다. 반란군이 죽어 흘린 피로 호수가 붉게 물들었으며 적장 조균용은 부리나케 도망을 쳤다.

치열한 육박전에서 최영 장군은 혼신으로 싸우다가 창에 찔려 팔과 다리의 몸에 여러 군데 상처를 입었다. 적의 군졸들이 창으로 장군의 가슴에 사력을 다해 찔렀으나 창날이 몸에 박히지 않고 튕겨서 나갔다. 이번에도 창끝이 병서를 뚫지 못했다.

　다른 곳에서 싸우던 최원 등 다섯 장수와 군사들이 저마다 무용을 자랑하며 용감무쌍하게 반란군을 향해 쪼개면서 공격을 감행했으나, 목숨이 끝까지 보존되지 못했다.

　수군을 지휘한 이권과 수군의 일부가 전사했다. 이권과 같은 배에 탔다가 살아남은 병사들은 시체를 수습했으며 이방연의 배에서도 사상자가 많았다.

　적들이 대패하여 달아나자 장렬히 전사한 여섯 장수의 시신과 병사의 시신을 수습하여 제를 올리며 염장을 하여 부상병들과 함께 본국으로 송환하기로 했다.

　군승이 사자의 극락왕생 서원을 하고 있을 때 찢어진 군장을 제대로 추스르지 못한 채 손목과 무릎에 천을 동여매고 지혈한 상태에서 최영 장군이 참석하여 주문했다.

　"오직 국가를 위해 싸우다가 간 아까운 장수들이니 부디 지극정성으로 극락왕생을 위하여 명복을 빌어 주시게나."

　이방실이 최영의 오른쪽 허벅지에서 종아리로 피가 흐른 흔적을 보며 말했다.

　"자네는 군막에 가서 상처가 덧나기 전에 치료부터 받으시게."

　최영이 손을 저으며 화답했다.

　"장례가 끝나면 그때 손을 써도 늦지 않습니다."

이방실이 여동생 이방연으로 하여금 최영을 치료하도록 손짓하며 불렀다.

"아니, 부상을 입었으면 말해야 내가 알 것 아니요!"

이방연이 다가와 최영의 바지를 벗겨 오른쪽 허벅지에 난 상처를 보며 화가 치밀어 따지듯 쓴소리를 쳤다.

"육박전에서 이 정도 부상이면 다행이지 뭐."

이방연이 솜으로 피를 닦아내고 약을 바르고 붕대를 감으며 재차 따지듯 말했다.

"내 마음 아프게 하지 마시오. 살아서 고국으로 돌아가야지."

최영 장군은 무릎을 꿇고 '조문 시'를 읊었다.

산수가 수려한 나라 고려의 강토에서 태어나
젊어서는 효도하고 청운의 꿈을 펼쳤더니.
어찌하여 압록수를 건너고 요동 벌판을 가로질러
만 리 길 달려와 장강 언저리에서 용감하게 싸웠네.
부모가 주신 귀중한 몸 하나 풀잎처럼 쓰러지면
부디 머리카락 한 올 고향집으로 보내 주시게.
무덤가로 서풍이 불 때 바람 곁에 들리는 말
'그대는 나라 위해 싸우다 장수답게 전사한 사람.'

고려군은 장사성 토벌을 위해 28회의 전투에서 대장군 이권, 최원 등 여섯 장군이 전사했다.

최영 장군은 힘껏 싸워 몸에 무수히 상처를 입었고 화살에 맞으면서도 분전해 적을 물리치고 그 명성을 원나라와 고려에 알리고는 1355년 6월 푸른 잎 무성한 뽕밭 길을 따라서 왔던 길로 거슬러 고려로 되돌아왔다.

　요서를 거쳐 돌아오면서 옛 고구려 성과 격전지의 지세를 자세히 살펴보았고, 안시성과 건안성을 지날 때 연개소문과 연수영 남매의 전적을 기린 여러 개의 비문을 탁본했으며 갈 때처럼 압록강 주변을 지도에 세밀히 담아 돌아왔다.
　장군과 군사들은 이번 원정에서 원군도 홍건군도 우리의 상대가 되지 않는다는 사실을 알고 앞으로 어떤 침략이고 누구든지 모두 물리칠 수 있다는 자신감을 가질 수 있었다.

　귀국하여 개경 이현 집에서 상처를 치료하고 있었는데 최무선이 상처 치료에 효력이 있다는 약을 갖고 문병차 들렀다.
　"형님, 이처럼 여러 곳에 상처를 입고도 살아서 돌아오실 줄은 몰랐습니다."
　"이제 조금씩 아물고 있으니 걱정할 것 없네."
　"그런데 탈탈 승상은 어찌 되었습니까? 그리고 토벌군과 반란군 중 결국 누가 이 전쟁에서 승리할 것 같습니까?"
　라고 최무선이 묻자, 장군이 속내를 꺼내 보였다.
　"누구나 그것을 묻더군. 몇 사람의 간신에 의해 탈탈 같은 문무겸전의 훌륭한 지도자가 하루아침에 탄핵당하고 분열되는 비극을 맞이하다니 저 나라의 미래가 걱정되는구려."

최영 장군은 원정을 통해 당시 중국의 상황을 상세히 파악하고 돌아와서는 공민왕에게 혼란스러운 원의 조정에 대하여 소상히 보고하고는 고려의 주권을 완전히 되찾아오기 위한 반원 개혁 정책을 펼 것을 건의하였다.

원나라에 원정하여 장사성 반란군을 정벌한 것이 우리나라 역사상 최초의 해외파병으로 국위를 선양한 것이기도 하였다.

토벌 원정군 출정 연과
기황후의 만남

　고려 원정군을 환영하기 위해 궁궐 남문 밖에 있는 법원사에서 환영식을 열었다. 황제와 기황후가 격려금을 내었으며 승상 탈탈의 부인 연이도 딸과 함께 환영식에 참석을 했다.

　최영 장군은 한참 동안 승상 탈탈 옆에서 천천히 누군가를 유심히 살펴보며 걸어가는 귀부인을 보았다.

　연이가 탈탈에게 물었다.

　"여보, 고려 장수 가운데 최영이라는 장수가 있습니까?"

　"내가 나중에 유탁에게 물어보겠소."

　연이는 기대에 못 미치는 말을 듣자 금세 고개를 숙여 안타까운 표정을 지으며 회심이 가득 차 있었다.

　탈탈은 그 심정을 알아채고는 "이번 토벌이 끝나는 대로 왕도에 가서 한번 찾아봅시다."

　연이는 무심한 남편의 처사에 불만을 내비치고는 쓸쓸한 표정을 지으며 최영을 만나기 위해 마지막 희망을 걸고 있었다. 그리고 다시 고개를 돌려 고려 장수 쪽으로 돌아보았다.

　그때 건장한 한 장수가 자신을 향해 좌중에서 일어서는 모습이 어렴풋이 보였다.

유탁이 최영을 불렀다.

"황후께서 자네를 찾고 계신다네."

어엿하게 황후가 된 기락(기실)이 어릴 때 사돈총각이었던 최영을 부른 것이다.

유탁의 뒤를 따라 상석에 있는 황후를 뵈러 나오고 있는 그 시간에 연의 눈길은 최영의 움직임을 따라가며 유심히 살펴보았다. 20년을 꿈에 그리던 사람이 눈앞으로 스치듯 지나가는 것 같았다.

그를 만나면 가족의 안부를 물어보겠다던 생각이 아련한 첫사랑의 기억으로 바뀌었다. 연이의 오른손이 재빠르게 왼쪽 손목에 찬 염주를 감싸고 있었다. 노랗게 황칠을 한 모감주 열매로 만든 염주는 20년 동안 연이의 손목에서 벗어난 적이 없었다. 기나긴 기다림이 마침표를 찍는 순간이었다.

그런데, 그러한 그가 지금 자기 앞을 지나쳐서 황후에게로 가고 있지 않은가? 연은 탈탈의 눈길을 피해 연신 최영의 다음 행동을 지켜보고 있었다.

유탁이 최영을 황후 앞으로 데리고 나갔다.

"인사를 올립니다. 소장 최영이라고 합니다."

최영이 꿇어서 인사를 하자 기황후가 얼른 자리에서 일어나 최영 장군을 일으켰다.

"아저씨께서 조정을 위해 먼 길을 오시느라 참으로 노고가 크시오."

황후가 황제와 황태자에게 최영 장군을 소개하였다.

"폐하, 최영 장군은 저의 조고모부의 조카입니다. 저에게는 아저씨가 됩니다."

황제가 기황후의 아저씨뻘인 최영 장군을 반갑게 맞이하며 장수의 기재를 칭찬하였다.

"장군, 이 잔을 받으시오."

황제가 용 문양이 그려진 주전자를 기울여 술잔을 가득 부었다.

황제는 최영의 얼굴을 찬찬히 훑어보았다.

최영 장군은 얼른 그 잔을 받아 마시니 황제가 황후에게 권하였다.

"황후도 직접 한 잔 내리시오."

20년의 기다림 끝에 이역만리 땅에서 만나 술 한 잔을 따라주며 전장으로 보내는 사랑의 마음이 녹아내렸다. 술잔에 녹아내린 애타는 마음이 한순간 장군의 가슴을 먹먹하게 만들었다.

황후가 미리 준비한 병서 무경칠서 중 손무가 쓴 '손자', 오기의 '오자' 각 한 권씩을 황제에게 직접 황제의 이름으로 내려 주도록 했다.

"이것을 가슴에 품고 전장에 나가면 모든 일이 잘 풀릴 것이오."

이어서 황제가 어검 한 자루를 하사하였다.

"이 검이 용천검이라 생각하고 적도를 무찌르는 데 쓰시오."

병서를 두 손으로 받아 들고 읍을 하며 사례를 했다. 용천검과 병서를 하사받은 최영 장군은 가슴이 쿵쾅거렸다.

사실 장군의 품에 "진역유기"를 품고 있었다. 이번 기회에 요동을 오가며 고구려의 유적을 찾고 싶었던 것이었다.

　잠시 후, 열서넛 살 소년 조반이 자리에 앉아있는 최영 장군을 찾아왔다.

"장군님, 이것을 아십니까?"

　소년은 노랗게 황칠을 한 염주를 보여주고는 어디론가 데리고 갔다. 그 염주는 최영이 연과 헤어지면서 정표로 준 모감주 열매로 만든 염주였다.

　승상 탈탈의 부인이 된 연이 기다리고 있었다. 연은 현린의 누이였으며 최영을 비롯하여 동네 총각들이 모두 좋아했던 어여쁘고 예의 바른 처녀였다.

　장군은 다른 처자와 결혼하여 그녀를 잊어야 했지만, 연은 항상 최영뿐만 아니라, 동생 현린과 가족을 잊지 못하고 있었다.

　만남도 한순간이요, 이별도 한순간인 것을 알면서도 첫사랑을 추억하는 것만으로도 한순간의 행복이었다.

　출정 준비로 한창 바쁜 시간에 현린 스님이 최영 장군 군막에 찾아왔다.

　스님은 홍건적의 반란이 일어난 항주, 고우 등지에서 머무르다가 시절이 수상하여 귀국하는 길에 산동성 제령에 도착하니 마침, 고려의 원정군이 대도에 왔다는 소식을 듣고 유복통과 장사성이 배치한 군사시설과 상황에 대하여 탐지한 것을 알려주려고 찾은 것이었다.

두 사나이는 차를 마시면서 대화를 나누었다.

최영은 처연한 표정을 지으며 말했다.

"내 한 몸 나라를 위해 바치겠다고 칼을 쥐었건만 도적에게 이끌려 와서 다른 도적을 치려고 하고 있으니 한심하기가 이를 데가 없네그려."

현린이 차를 반쯤 마시고 말했다.

"몽골이 우리의 원수인 것은 장군도 이미 알고 있는 터인즉 이 싸움에 군사를 이끌고 저 장사성 등과 힘을 모아 원나라 군사를 도로 치는 것이 제일 좋은 방법이고 여기에 머무르며 사정을 살피다가 전 군사를 되돌려 가는 것이 다음으로 좋은 방법이요. 그러한데 저들의 명령에 복종하여 서쪽을 치라 하면 서쪽, 동쪽을 치라 하면 동쪽을 치는 용병 역할을 하는 것이 좋지 않은 방법인즉 지금 장군은 좋지 않은 방법을 따르고자 하니 나는 이것을 이해하지 못하겠네그려."

최영도 답답한 심정으로 말했다.

"종기를 터뜨리는 것이 비록 시원하기는 하나 맨살을 크게 다치면 오히려 몸에 해가 되고 원수와의 관계를 끊음이 비록 시원하나 형편이 그렇지 못하여 나라에 해가 되니 영웅들의 영웅담을 봐도 이기고 짐이 모두 시대의 형편을 알고 모르는 데 있던 것이 아니던가? 지금 내가 원나라의 형편을 살펴보건대 도적이 사방에 가득하여 멸망이 아침 아니면 저녁이라 그들의 운명이 풍전등화라네. 이것은 우리 고려를 위하여 좋은 일이며 한편 걱정이 되는 일이기도 하네."

군막 문이 열리고 수하 병사가 술을 가지고 왔다.

"유탁 장군이 내일 출병을 앞두고 승전을 위하여 특별히 술 한 병씩 보내온 것입니다."

"자네들이나 들지 그러나?"

"저희 것은 별도로 받았습니다."

최영이 한동안 잘 마시지도 않는 술을 부은 술잔을 잡고 달님에게 물어보듯(把酒問月) 입을 뗐다.

"내가 떠날 때 조정에 아뢰어 원나라의 구원병에 응하지 말고 스스로 강해지는 길을 찾는 것이 옳다고 했으나, 듣는 사람이 무시하여 이처럼 끌려왔으니 이왕지사 온 힘을 다하여 원나라를 도우려 하네. 이것은 원나라가 망하면 중원이 빨리 통일될 것이고 중원을 통일한 새 왕조가 그 위세를 몰아 우리 강토를 핍박하여 무너뜨리려고 할 것이니 차라리 원을 도와서 저들이 서로 간에 이 전투구를 벌여 국력이 소모되기를 바라며 그 시간을 벌어 우리의 국력을 모으기가 쉬우니 이 때문에 나는 지금 힘이 닿는 데까지 원나라를 도울 생각이네."

현린이 자리에 일어서서 다시 두 손을 모았다.

"자네에게 그러한 계책이 있는 줄 일찍이 내가 알지 못한 것이 미안하네. 전쟁은 적에 대해서 자세히 알아야 하고 공성전이면 성곽의 형태를 정확히 알아야만 공격하기 쉬울 걸세. 바라건대 전장에서 몸을 아껴 후일을 도모해야 할 걸세."

최영은 힘주어 다시 말했다.

"이 길이 고려의 길이라는 것을 다들 알고 있어."

잘하지 못하는 술을 한잔 마시고는 취한 듯이 말이 줄줄 새어 나왔다.

"누구를 위하여 자네는 여기에 왔나? 공녀로 끌려가던 연이를 바라보며 우리는 맹세하지 않았던가?"

현린은 이미 가족들의 아픔을 치유하기 위해 불문에 귀의한 몸으로 대답하지 않았다.

최영이 독백하는 것처럼 말했다.

"그랬었지! 우리가 장군이 되어 연 낭자를 되찾아오자고 동네 동무들과 하늘에 맹세했었지."

최영은 눈에서 글썽이던 눈물이 뺨으로 서서히 번지는 것을 느꼈다.

"철이 없던 시절의 맹세가 지금 와서 무슨 소용이 있을까마는 스무 해가 지난 일이니, 이제부터는 나라의 안녕과 백성을 지키는 내 소임에 충실해야 할 뿐……."

며칠 전 환영식에서 누이 연을 만났던 이야기를 현린에게 전해야만 했다. 그녀는 궁녀가 아니라 백성의 으뜸인 승상의 부인이 되어 아들딸 낳고 잘 지내고 있다는 것을……. 그런데 마시지도 못하는 술을 마시고는 깜빡 잠이 들었다.

염불 소리에 등을 돌려보니 현린이 어느새 일어나 달빛에 새벽 예불을 올리고 있었다.

"자네나 나나 밤새 잠을 뒤척이니 객지에서 느끼는 쓸쓸함에 젖어 있다는 것인가?"

최영은 현린의 화답에 따라 환영식에서 만난 연 낭자에 대한 소식을 전하려 머뭇거렸다.

"나는 부처님의 제자라서 인연을 만들지 않고 있으니 객지서 느끼는 쓸쓸함은 이미 없다네."

현린이 혼잣말로 중얼거렸다.

"내가 오솔길을 걸어 부처님께 귀의할 때는 이미 속세의 인연을 다 버리지 않았던가."

그러나 원나라에 온 것 중 하나는 누이 연을 만나기 위함임을 최영은 알고 있었기에 조용히 회상하고 있었다.

'그러다 이 전쟁이 끝나면 그도 나도 연이도 대도나 개경에서 다시 만나겠지.'

어느덧 먼동이 트고 군영의 말 울음소리에 현린 스님이 자리를 털고 일어나 최영 장군을 향해 무운을 빌면서 서로 합장하고는 바랑에서 청심환 세 알을 꺼내어 주고 다시 한번 무사 귀환을 빌면서 말없이 군영의 경내를 떠나갔다.

고려 명장

최영 장군의 리더십

제2장

/

문무겸전(文武兼全) 장군으로 평가

체복사로 임명되어 왜적 격퇴

━━━━━━◈◈◈━━━━━━

환국과 동시 왕위에 오른 공민왕의 가슴속에는 원나라에 뺏긴 국권을 회복하고 부패한 고려 조정의 기강을 바로 세우는 것이었다. 믿었던 부하로부터 배반과 오랫동안 기득권을 갖고 있던 권신과 공신의 반대로 개혁 정치는 하나같이 받아들여지지 않았다.

측근을 관리하지 못한 것을 뉘우치며 괴로워하는 공민왕의 곁에는 노국공주와 최영이 있었다.

1356년, 공민왕은 귀국한 대호군 최영을 서북면 병마부사로 임명하고는 병마사 인당과 함께 명령을 내렸다.

"압록강을 건너 원나라 역참을 공격하시오."

장졸 오백여 명을 거느리고 원나라에 속했던 압록강을 건너 서쪽의 옛 영토 역참(驛站) 8개소를 격파하였고 파사부(婆裟府) 등 3개의 참을 공격하여 고려의 옛 땅을 수복했다.

압록강 서쪽의 역참을 공격하여 옛 땅을 되찾은 것은 고려 말 혼란했던 정세 속에서 공민왕의 반원적 개혁정치와 고토회복이라는 정치적 목표에 적극적으로 참여했다.

1357년 3월, 왜적이 백여 척의 왜선으로 강화도 교동으로 침투해 오므로 현지 도령이 중심이 되어 맞서 싸웠으나 계속 패배하므로 개경에는 엄중한 경계령을 내리고 왕은 불안에 떨었다.

왕은 조회에서 신하들에게 격한 어조로 말했다.

"교동이 바로 예성강을 마주하고 있는데 거기에 왜구들이 쳐들어와서 양식을 빼앗고 양민을 해쳤다니 군사들은 도대체 무엇들 하고 있다는 거요?"

"나라가 위태로움이 이 지경에 이르렀으나 조정의 신하 중에 의지할만한 장수가 한 사람도 없도다!"

가까이에서 모시던 정희계가 왕에게 아뢰었다.

"서북면 병마부사 최영 장군이 대대로 충효가 내외에서 그 이름이 알려있어 그가 바로 적격입니다."

왕이 잠시 생각에 잠기더니 이내 말을 했다.

"최영, 그 사람의 충성스럽고 지혜로움은 나도 잘 알고 있다. 내가 곧 그를 부를 것이다."

왕으로부터 명령을 받은 대호군 최영은 장졸 백여 명과 강화 교동 현지에 급파하여 현지 도령과 합세하여 왜구를 토벌했다.

8월, 최영 장군을 니성, 강계의 동북면의 체복사로 임명했다. 또 이부상서 홍유귀를 동북면 병마사로 임명하고는 동북면으로 출발하였다.

체복사는 임금의 명령을 받고 지방에 가서 벼슬아치들의 근무 상태를 점검하고 군사들의 근무 실태를 점검하여 범죄사실을 조사하는 등 일선 감찰지휘관 벼슬이었다.

장군은 현장 점검을 통해 옳고 그름을 따지는 데 주안점을 두었는데 그중에서 재물에 관련된 모든 죄에 대해서는 더욱 엄격하였다. 부원배들로 가득 찬 동북면에서 다시 배신하여 원으로 붙을까 염려되어 공민왕은 최영에게 권한을 주어 살피게 한 것이었다.

그중에서 가장 요시찰 대상이 바로 이자춘이었다. 자신도 그 사실을 알고 가족들을 일일이 소개하여 그 의심을 풀도록 노력했다.

최영 장군을 향해 이성계가 고개를 숙여 절을 했다.

이자춘은 아들들에게 주의를 주었다.

"저분은 우리와는 출신 배경부터 판이 다른 분이시다. 너희도 직접 체복사의 관상과 용모를 보았지 않았느냐. 앞으로도 고려에는 최 체복사 같은 분은 없다. 그러니 너희 형제들은 나중에 혹여 만나게 되어도 맞서지 말고 잘 따라야 할 것이야. 알겠느냐?"

이원계와 이성계 그리고 이화까지 일제히 대답했다.

"네, 명심하겠습니다."

동북면 체복사가 되어 공민왕의 영토 회복에 대한 열망의 의지에 부합하여 원나라에 맞서 100여 년간 빼앗겼던 함경도 이북 야만족을 토벌하고 반역하거나 불충한 신하가 많았던 쌍성총관부(영흥)의 땅을 수복하는 데 지대한 공적을 세웠다.

고려 명장 최영 장군의 리더십

원나라는 쌍성과 삼살 이북을 자유롭게 왕래할 것을 요청했지만, 그곳은 본래 고려 땅이라고 공민왕은 거부했다.

쌍성총관부의 땅을 회복하는 과정에서 장군은 이자춘과 그의 아들 이성계를 만나게 되었다.

1358년 정월부터 왜적은 한반도 삼남지역 해안을 끈질기게 침투하여 도적질을 일삼았으며 왜구가 각산수(경남 고성) 등지로 침범하여 우리 선박 3백여 척을 불태웠다. 왜적 병선 4백여 척의 대군이 여세를 몰아 서해안을 따라 개경을 목표로 향했다.

장군은 양광도, 전라도 체복사로 임명되어 군사들에게 왜적을 제대로 방어하지 못하는 경우 안렴사 이하 전원을 군법에 걸어 논죄를 할 것이라고 명령했다.

군사들은 체복사의 지시에 따라 군기와 기강이 튼튼히 들어 태만하지 않고 근무에만 열중하였다. 장군은 병력을 이용하여 조강과 임진강 하구를 틀어막고 있었다. 각산수를 거쳐 서해안으로 침범한 왜구 병선 4백여 척은 강 하구가 틀어 막히자 황해도 오차포(吾叉浦, 장연군 장산곶)에 정박하고는 개경을 목표로 호시탐탐 엿보고 있어 위태롭게 되었다.

장군은 황해도는 해주에서부터 여섯 포구에 수군과 병선이 주둔하고 있었는데 그 병력을 활용하여 왜적 병선이 정박하여 우왕좌왕하는 사이를 틈타 복병을 써서 진력으로 기습공격을 감행하여 적을 격파하는 대승을 거두었다.

왜구들은 대패하여 파괴되지 않은 배를 타고는 서해안을 따라 남으로 달아났다.

오차포 전투에서 승리하지 못하고 패했다면 개경이 위태로웠으며 백성들의 안위를 지켜주지 못하였을 것이다.

왜놈들로부터 최만호(崔萬戶)라는 별칭을 얻으며 그들로부터 공포 대상의 장수로 우뚝 솟았다.

왜적들은 근 40여 년 동안 한반도 해안을 침투하여 양민을 끈질기게 괴롭히고 약탈하였으나 장군의 훌륭한 전술과 계략으로 삼남지역 해안에 창궐하는 왜구를 격파하여 고려의 큰 위기를 시기적절하게 극복하였다.

그 결과 오랫동안 왜구에 시달렸던 삼남지역 백성들로부터 신망을 얻기에 이르렀다.

홍건적의 침입 격퇴 공로 녹훈 사양

1359년 12월, 홍건적 무리 4만여 명이 얼어붙은 압록강을 건너 순식간에 의주를 함락하여 주민 1천여 명을 사살하고 약탈하면서 정주를 함락하고는 파죽지세로 인주까지 점령하였다.

조정에서는 수문하시중 이암을 서북면 도원수로 삼고 경복흥을 부원수로 삼아 장수들과 군사 2천여 명을 인솔하여 적을 방어하였으나 속수무책이었다.

적장 모거경이 서경(평양)까지 함락하고 무혈 입성한 홍건적은 먹을 것이 산더미처럼 쌓인 것을 보며 자축하면서 그동안 굶주렸던 병사들에게 나누어 먹이며 잠시 쉬고 있었다.

조정에서는 이암을 파면하고, 이승경을 도원수로 삼아 서경을 탈환토록 명령하였다. 서북면 병마사로 임명된 상호군 최영은 한걸음에 서경을 탈환하기 위해 황주 현장 군막으로 달려갔다. 도원수 이승경은 장군들을 군막으로 불러 고려군 전략회의를 하면서 답답한 심경을 토로했다.

"이번 서경 전투는 병사들의 사기가 많이 떨어졌으니 문제이오.

평양성은 견고한데 다만 우리 군은 수성에 길들여져 있으니 이번 전투는 성을 탈환하는 공성인데 승리를 장담하기 어려우니 장군들의 의견을 듣겠소."

우제가 자리에서 벌떡 일어나서 최영 장군과 눈빛을 교환하더니 말했다.

"최영과 제가 소싯적에 수련생들과 평양성을 방문하여 수성과 공성에 토론을 한 적이 있었는데 그 전술을 한번 사용해 보고 싶습니다. 그리고 최영은 지난번 원정에서 고우성과 육합성을 누비며 전투할 때 여러 번 공성전을 승리로 이끈 경험이 있어서 평양성 탈환에는 최적의 장수라고 생각합니다."

장수들이 최영 장군을 향해 일시에 고개를 돌렸다. 안우와 이방실도 고우성과 육합성에서 함께 참전한 경험이 있어 최영의 용맹과 전술 능력을 잘 알고 있었다.

잠시 후, 최영이 분연히 떨쳐 일어나더니 칼집에서 칼을 꺼내 탁상 위에 올려놓았는데 칼날이 햇빛을 받아 번쩍거렸다.

햇빛에 비치는 칼등에 '風塵三尺劍 社稷一戎衣'란 두보(杜甫)의 시구가 한 줄로 새겨져 있었다.

"풍진삼척검(風塵三尺劍)이요, 사직일융의(社稷一戎衣)로다."

최영은 손을 높이 들어 선창했다.

"전장의 먼지 속에 삼 척 검을 휘두르고, 종묘사직을 위해 한 벌 갑옷을 입었도다!"

자리에 앉아있던 도원수 이하 장수들이 일제히 벌떡 일어나서는 재창했다.

최영과 우제의 전술에 따르기로 결론을 내리고는 장수들은 일제히 술잔을 높이 들어 승전을 기원하는 의식을 치르고 회의를 파했다.

사전에 최영과 우제 두 장군은 평양성을 탈환하기 위한 전술을 이미 의논했었다.

'대동문 앞에서 소란을 피우며 유인하고 좁은 모란봉 절벽을 타고 올라 기습하여 적들이 보통문이나 서남쪽 문 방향으로 도망가도록 유도한다.'

'야음을 이용하여 모란봉에는 전투가 시작되기 전에 침투하고 있어야 한다.'

'우제가 대동문 앞에서 유인하여 공격을 감행한다.'

'이때 최영은 소규모 특공대로 모란봉을 기습 점거한다.'

'안우 등이 지휘하는 다른 군사들은 보통문으로 돌아가서 대기하고 있다가 포위한 것처럼 위장하여 내성을 집중적으로 공격한다.' 그리고 적들의 움직임을 파악할 높은 곳을 차지하고 나서 적들을 서문으로 탈출하도록 몰아붙이기로 한 것이다.

고려군과 홍건적이 각각 황주와 서경에 진영을 설치하고 대치하고 있는 가운데 고려군은 2만여 명의 군사를 총동원하여 홍건적에 대한 대대적인 반격을 시작했다.

평양성 공격을 위한 출전에 앞서서 최영 장군은 장졸들 앞에 섰다.

"사나이는 죽음 속에서 삶을 찾아야 한다. 두려워하지 말고 진격하라."

최영 장군이 말을 채찍질하여 앞장서 나아가니 군사들이 눈물을 뿌리며 의기양양하게 따라갔다.

거센 칼바람이 장졸들의 옷깃을 파고들어 왔다. 평양성에 이르러 대동문 앞에서 일부 병력만으로 적을 시험해 보았다. 홍건적이 성으로 나와서 막으니 이 틈을 타서 군사들이 일시에 돌격하여 격파하기 시작했다. 간밤에 모란봉 절벽을 타고 침투했던 별동대가 북을 치며 언덕으로 내려와 최영 장군 병력과 합세하여 모진 전투를 벌이며 적을 격퇴하여 드디어 서경을 탈환하였다.

최영 장군의 밀명을 받은 승병장 현린 스님은 별도로 300여 명의 승군을 비밀리에 거룻배를 태우고 대동강 남안으로 붙어 적의 감시를 피하면서 화도에 정박하고는 연안으로 빠져나가는 적을 모조리 격퇴하였다. 서경을 탈환한 후, 생양, 철화, 함종에서 후퇴하는 적을 추적하여 격파했다. 압록강을 건너 살아 돌아간 홍건적은 수백 명에 불과할 정도로 이들을 모조리 물리쳤다.

그 뒤 이듬해 봄에도 고려에 패하여 후퇴한 홍건적이 춘궁기에 이르러 곡식이 귀하여 서해도 풍주 등지에서 산발적으로 침범하여 노략질했으나 큰 피해 없이 무찔렀다.

공민왕은 2월 최영 장군을 평양윤 겸 서북면 순문사로 임명하고 하루빨리 서북면을 수습해 줄 것을 주문했다.

홍건적의 침략 참화로 부상병들이 일어나지 못했고 굶어 죽은 시체가 사방에 즐비했다. 부상자를 치료하고 전사자의 시신을 묻어주는 등 전쟁 후유증 복구를 수습하였다.

재해를 입거나 어려운 처지로 굶주린 백성을 구제하는 구제소를 설치하여 식량을 나누어 주고 곡식 종자를 나누어 주어 논밭을 갈고 농사짓기를 권장하여 편안하게 생활할 수 있도록 기틀을 마련해 주었다.

평양성 탈환과 구제소를 설치하여 백성들을 편안하게 베푼 공적을 인정받아 중서문하성의 좌산기상시(左散騎常侍)로 제수되어 내궁에서 근무하게 되었다.

장군은 도당에서 내린 홍건적 격퇴 공로 녹훈을 사양하였다.

공민왕은 장군을 불렀다.

"경은 목숨으로 나라를 구한 공에 대하여 내리는 녹이거늘 무슨 이유로 굳이 사양하는가?"

"전하, 소신이 녹훈 명단에 올라갔다고 하니 사양합니다."

"무슨 연유인가?"

"소신이 어찌 다른 뜻이 있어서 사양하겠습니까? 선친의 유지를 따르려고 합니다."

"그 유지가 무엇인데 그러오?"

"네, 아뢰옵기는 황공하오나, 견금여석(見金如石)이옵니다."

"그래서요?"

"전하께서 공신으로 삼아 녹훈하시면 토지를 내리실 터인데 그 토지가 곧 '금'이 아니겠습니까?"

"다른 공까지 받지 않을 것이요?"

"그렇지 않습니다. 맨 처음 일어난 '격주홍적공(擊走紅賊功)'의 녹훈을 사양하려고 합니다. 그것이 선친의 유지를 따르는 의미 있는 일이라고 생각됩니다."

"허허, 그러니까 '시작은 효(孝)요, 그 다음은 충(忠)이다'라는 뜻이요?"

"네, 그렇습니다."

공민왕은 청을 받아 녹훈 명단에서 제외하는 데는 시간이 오래 걸려 11월이 되어서야 뒤늦게 홍건적을 격파하여 달아나게 한 공적이 있는 자를 녹훈하기로 하였다.

이듬해 정월, 서북면 도순찰사로 임명되어 엄동설한 북방 변두리 변경 최전선에서 장졸들의 병영 생활을 격려하면서도 엄정한 군기로 경계에 임하도록 지휘 통솔했다.

국경을 순찰하는 데 한치의 게으름이 없었고 지속적인 군사훈련으로 국방을 튼튼히 하여 호시탐탐 서북면 일대로 노리는 적을 상대로 시기적절하게 물리쳤으며 백성들에게는 선정(善政)을 베풀어 안심하고 평화롭게 살도록 하였다.

고려 명장 최영 장군의 리더십

홍건적의 2차 개경침입 격퇴

1361년 10월 20일, 홍건적은 관탁, 반성, 주원수가 주축이 되어 십만여 명의 군사가 압록강을 건너와 무리를 나누어 삭주를 침입하고 여세를 몰아 무주에 주둔했다.

고려 조정은 홍건적 침입에 맞서 추밀원부사 이방실을 서북면 도지휘사로 삼고, 동지추밀원사 이여경을 파견하여 절령에 방책을 세워 수비를 철저히 하도록 했다.

방어군을 안주까지 전진시키는 한편, 각도에 사자를 보내어 군사들을 소집하고 지역 사찰에 명령하여 전마를 바치도록 조치했다.

이방실이 안주에서 패전했다는 보고가 이르니 공민왕은 놀라며 크게 두려워했다. 참지정사 정세운을 보내어 각 진영을 수비토록 했으나 대군을 이끈 적이 엄습하여 속수무책으로 고려 군사들은 크게 패배하자 왕은 남쪽으로 피난할 방책을 수립하게 이르렀다.

홍건적의 선봉이 개경 근교 홍의역까지 당도했다.

도원수 안우가 군사를 수습하고 좌산기상시 최영, 병마사 유연과 함께 금천의 금교역에 진을 치고 방어할 궁리를 했다.

최영은 전국에서 장정들을 모집하여 홍건적과 싸우면 승산이 있을 것으로 판단하고는 공민왕에게 지원군을 더 보내 주도록 주청하기 위해 곧바로 정궁으로 달려와서 지원군을 요청했다.

"홍건적 병력이 고려군보다 많으며 위세가 대단하므로 지원군을 더 많이 보내어 금교역에서 적을 막아야 합니다."

"주상께서 개경에 머무르시며 장정들을 모집하여 종사를 굳건히 지켜서야 합니다."라고 개경 방어를 강력히 주청하고 나섰다.

최영 장군은 장정을 모집하여 지원군을 확충하면 끝까지 버틸 수 있다고 확신하고 끝까지 버티려고 단단히 준비하고 있었다.

왕은 "적군들이 이렇게 가까이 왔는가."라고 하면서도 별다른 조치는 내리지 못하고 머뭇거렸다.

병력을 더 이상 차출할 수가 없어 최영은 지원군을 얻지 못하고는 궁에서 나와 시전에 있는 송부개를 찾아가서 "형님은 시급히 대비하시오."라고 전하고는 화살을 얻어 곧바로 금교역을 향해 내달렸다.

고려군은 금교역 일대에 새로운 방어선을 구축하여 방어했으나 사정이 여의치 않자 개경으로 퇴각하였다.

공민왕은 왕비 노국공주와 명덕태후를 모시고 피난하기 위해 남으로 행차하려고 준비가 한창이었다.

이른 새벽에 최영이 또다시 달려와서는 왕에게 다시 간곡히 주청을 올렸다.

"개경을 포기할 수는 없습니다."

"황궁을 적도에 내어줄 수는 없습니다."

"적도들은 상도의 궁궐을 불태웠습니다. 개경으로 쳐들어와 틀림없이 황궁을 모조리 불태울 것입니다."

최영은 더욱 비통하면서 큰 소리로 부르짖었다.

"원하옵건대 주상께서는 조금만 더 머물러 주소서. 장정들을 모집하여 종묘와 사직을 지켜주소서."

정세운, 안우 등은 어떻게 할 수 있는 방책을 찾을 수 없어서 왕에게 아뢰었다.

"신들은 여기에 머물러 적을 방어하겠사오니 주상께서는 피난을 떠나십시오."

공민왕은 눈물을 삼키며 말했다.

"장군들만 믿고 떠나오."

이암이 춘추관으로 최영을 불러서 "춘추관과 전교사에 보관된 귀한 책들을 옮겨야 할 것이야." 하면서 '제왕운기'와 몇 권의 책을 직접 챙겨 나왔다.

공민왕의 어가는 숭인문을 나섰고 노국공주인 왕비와 명덕태후도 말을 타고 뒤따랐다. 피난길에 올라 충주, 보주를 지나 복주(안동)까지 몽진을 떠났다.

최영 장군은 곧바로 이현에 있는 집에 들렀다.

"부인은 가솔들을 데리고 일단 고양현으로 피신하시오."

"생질네는 모두 보주(예천) 율곡으로 피신한답니다."

"아마도 주상께서 그쪽으로 길을 잡은 듯하오. 조카님을 길잡이로 쓰실 것이오."

"그럴수록 다른 길로 가서 손을 덜어주어야 하는 것이오."

라고 하고는 금천교 진지로 급히 떠났다.

11월 24일, 개경이 함락되었다.

정궁(만월대)은 초석만 남기고 한 줌의 재로 만들어 놓았다. 왕의 거처인 회경전, 정사를 논의하던 원덕전, 사신을 접대하던 건덕전을 불태웠다.

궁궐은 폐허가 되어 고려의 정궁은 마침내 외침에 의해 450여 년의 숱한 영욕을 간직한 채 역사의 시간에 묻혀 사라져 버렸다.

공민왕은 피난처인 복주에서 정세운을 총병관으로 임명하고 애통교서(哀痛敎書)를 내려 민심을 위로하면서 홍건적의 격퇴를 간곡히 명령하였다. 총병관 장세운은 양광도, 경상도, 전라도 삼남지역에 징집관을 보내어 군사를 징집하고 동원령을 발동했다.

이듬해인 1월, 좌산기상시 최영은 안우, 김득배, 이방실, 황상, 한방신, 안우경, 이여경, 이귀수, 변안열, 지용수, 권희 등과 함께 군사 칠만여 명을 거느리고 개경 동교 보정문 밖 장단군 진서면에 있는 천수사 앞마당에 주둔하고 개경 탈환을 위해 논의하였다.

고려 명장 최영 장군의 리더십

이귀수가 최영 장군을 바라보며 부탁했다.

"최 장군, 이규보의 시 '동명왕편'을 길게 한번 읊어주시오."

"전투에 앞서 사기를 크게 돋우는 계기가 될 것이요."

모두 다 외우는 사람은 최영 장군밖에 없기 때문이다.

최영 장군이 읊는 '동명왕편'을 듣기 위하여 가까이 있던 장수뿐만 아니라 군사들이 다 모여 둘러앉았다.

전투를 앞두고 통소로 '오관산곡'을 연주하여 적에게 '사면초가'처럼 심리전을 편다는 말은 들어본 적이 있지만, 그 긴 '동명왕편'을 읊는다니 군사들은 귀를 쫑긋 세웠다.

최영 장군이 들려주는 '동명왕편'은 글자로 따지면 1,410자로 내용으로 보아 영웅 서사시로서의 요건을 잘 갖추고 있었다.

구국일념으로 사지로 내달아야 하는 병사들에게는 우리 민족의 우월성에다 고려가 위대한 고구려를 계승하고 있다는 고려인의 자부심과 민족의식을 고취하는 다물정신(多勿情神)의 적절한 시였다.

장군이 읊기를 마치니 장수와 군사들은 탄성을 지르며 서로 얼싸안고 격려하며 전의를 불태웠다.

"이 한 몸 도적을 물리치고 나라를 구할 것이다."

개경 도성을 포위한 고려군은 혹한과 폭설의 악천후로 홍건적의 경계가 느슨한 틈을 타서 기습적인 공격을 감행하려고 작전을 세웠다.

그러나 이때 마침 진눈깨비가 내렸으므로 시야를 가렸고 차가운 칼바람과 진눈깨비를 피하여 병사들은 군막에 웅크려 밖으로 나올 생각을 하지 않았다.

장수들은 다시 회합하여 의논했다.

도원수 안우가 상황을 종합하여 먼저 말했다.

"천기가 불순하여 병졸들이 몸이 얼어서 싸우기 어려우니 잠깐 쉬는 것이 좋겠습니다."

최영 장군 혼자 반대했다.

"그렇지 않소, 천기가 불순할수록 들판에서 지새우기가 힘들고 삼도에서 달려온 우리 군사들은 버티기 어려우니 싸울 거면 속전 속결로 물리쳐야 하오."

이방실도 거들었다.

"아군의 몸이 얼면 적도의 몸 또한 얼 테니 추위를 이기는 자가 전투에도 능히 이길 것인데 어찌 추위를 걱정하는가요."

호군 권희가 척후병을 데리고 적의 동태를 살피고 돌아와 보고했다.

"적이 비록 추워서 궁핍하여 죽치고 있었으나 보루를 쌓고 굳게 지키고 있습니다."

오후까지 눈과 비가 섞여 많이 내려서 군사들은 밥을 지어 먹기 힘들었고 말에 뜨거운 물을 먹이기에도 힘들었다. 당장 싸우자고 한 최영이나 이방실의 주장은 채택되지 않았다. 이윽고 날이 저물었다.

새벽, 간밤에 도원수 안우의 군막에서 열렸던 전체 지휘관 회의에서 작전 명령이 하달되었다.

작전명은 '성동격서(聲東擊西)'였다.

인시(4시)에 군사들이 장작불에 솥을 걸어 돼지고기 국밥을 만들어 먹고 몸을 녹였다. 눈보라가 세차게 휘몰아쳤다. 급습 작전에 따라 최영, 황상 부대는 남문을 맡는다. 한방신, 이여경은 동문을 맡는다. 나머지 부대는 서문과 북문을 맡아 돌파한다.

최영 장군이 이끄는 남군은 훈련원 연병장에 모여 남문을 공격할 채비를 하고 있었다.

여명이 틀 무렵에 돌격대장 권희가 수십 기수를 거느리고 갑자기 뛰어 들어가 돌격하면서 북을 울리고 징을 치며 공격하니 꽁꽁 얼었던 어두컴컴한 겨울 하늘이 고려 군사의 함성에 열렸다.

"뒤처지는 자는 참한다. 뒤처지지 마라."

호령과 함께 최영 장군이 이끄는 남군이 가장 용감하게 싸우면서 먼저 성책을 깨고 길을 열어 전진하였다.

이에 기세를 몰아 군사들은 뒤를 잇달아 쳐부수어 길을 열었고 날랜 병사들이 연이어 성벽을 올라 적도들을 짓이겨서 적의 선봉 장수를 참살했다.

고려군의 포위 공격에 당한 홍건적은 활로를 열지 못하고 좁은 지역에서 많은 군사들은 피아간에 서로 엉켜 백병전이 계속되자

적은 전투가 패색이 짙어짐을 느꼈다.

며칠이나 계속된 전투에서 수천을 제외한 적병은 모조리 죽었으며 도망치는 무리도 무사할 수 없었다.

최영 장군은 휘하 이귀수와 함께 후퇴하는 적의 후미를 급습하여 대파하였다.

홍건적과 힘겨운 싸움으로 격퇴하여 승리를 거두었으나 아군의 피해도 많이 발생했다.

총병관 정세운은 홍건적을 격파하여 경성을 수복한 전과와 전공을 노포에 기록하여 대장군 김한귀와 중랑장 김경이 받들고 급히 왕이 있는 복주로 나아가게 했다.

개경 거리의 백성들은 고려군이 승전했다는 노포를 보고는 눈물을 흘리면서 만세를 부르며 기뻐하였다.

최영 장군은 개경을 수복하고 나라를 위기에서 구출한 공로로 녹훈되어 일등공신으로 도형 초상을 담아 개경의 동남쪽 교외에 있는 덕물산 공신각 벽상에 걸리는 영광도 입었다. 토지를 하사받았고 부모와 처까지 작위를 받았다.

전리사의 전리 판서로 전직하고는 곧바로, 밀직사와 양광도 진변사 직책을 겸직하였다.

고려 명장 최영 장군의 리더십

김용의 흥왕사 변란 진압

───────────❖───────────

공민왕은 홍건적의 침입으로 개경을 떠나 복주까지 몽진을 떠난 후, 1362년 11월에야 돌아올 수가 있었다.

복주에서 개경으로 출발할 당시 전쟁의 참화로 선뜻 발길이 떨어지지 않았다. 상주에서 머물렀다가 다시 개성으로 향하던 중 청주에서도 머물면서 행차가 주춤거렸다.

개경으로 돌아오는 도중 홍건적의 방화로 파괴된 궁궐을 복구하는 동안 개경 근처 흥왕사 행궁에서 잠시 머무르고 있었다.

1363년 윤3월 초하루 새벽, 흥왕사의 행궁에 머무르던 왕을 시해할 목적으로 야밤에 김용이 반란을 일으켰다. 공민왕은 김용의 난 앞에서 절규했다.

김용은 본래 정세운과 더불어 공민왕이 원자로 원나라에 들어가 숙위할 시기 시종으로 공로를 인정받아 총애받았다. 총병관 중서평장사 정세운이 돌아오면 전공이 없는 김용은 계급이 그의 아래로 떨어질 것이 분명했다.

홍건적이 침략한 상황에서도 복주에 내려와 왕의 곁에서 측근 세력으로 찬성사면서 순군제조로 권력을 전횡하던 김용은 홍건적과 전투에서 공을 세운 총병관 정세운을 시기하고 왕의 편지를 위조하여 도원수 안우, 도지휘사 이방실, 도병마사 김득배에게 정세운이 역모를 꾸미고 있다며 죽이도록 지시하여 실행토록 했다.

장수들은 군막으로 달려가 어명으로 그를 즉시 처단하고 다만 밀지의 집행이라고만 선포하였다.

정세운을 죽인 이후에는 안우, 이방실, 김득배를 복주로 오도록 유인하여 주장을 살해했다는 죄목을 뒤집어 모두 살해하는 사건을 왕도 모르게 자행하였다. 전투의 영웅이며 한 시대의 충신이었던 장군들은 김용의 음모에 의해 죽음을 당했다.

김용은 나라가 혼란스러운 시기에 절대적인 권력을 누리기 위해서 반란을 일으키고는 왕을 시해할 목적으로 은밀히 그들의 부하 50여 명을 보내어 왕이 머무르고 있는 흥왕사 행궁을 엄습하여 문지기를 죽이고는 행궁 안으로 침입하였다.

변란에 가담한 무리는 서로가 재상이라 부르면서 황제의 교지를 받들어 왔다고 칭하면서 시위하던 환관과 호위 군사를 죽인 후 곧바로 침전에 이르렀으나 숙위는 모두 도망가고 없었다.

환관 이강달이 왕을 업고 태후의 밀실로 들어가서 담요를 덮어 숨기고는 왕비인 노국공주가 문 앞에 앉아서 출입을 막으며 공민왕을 지켰다.

반적들은 곧바로 왕의 침전으로 돌입했다. 환관 안도치는 용모가 왕과 비슷하여 자기 몸으로 왕을 대신하려고 왕의 침전에 들어가 누워 있었다. 왕인 줄 알고 오인하여 살해한 후 기뻐 날뛰었다.

고려 명장 최영 장군의 리더십

이어 우정승 홍언박 집으로 달려가 흉노같이 가족들이 보는 앞에서 잔인하게 살해하였다.

전리 판서 겸 밀직사 최영 장군은 김용이 반란을 일으켰다는 소식을 듣고는 밀직부사 우제, 지도첨의 안우경, 상호군 김장수와 함께 잠시도 지체하지 않고 개경에서 병사들을 지휘하고 난을 평정하기 위해 흥왕사로 출발하였다.

흥왕사에 도착한 여러 장수들은 적의 동태를 살핀 뒤에 들어가자고 했으나 김장수는 "역적이 안에 있는데 무얼 살펴보라고 하는게요?"라고 성난 소리를 외치고는 문을 부순 뒤 칼을 빼어 들고 들어가서 달려드는 졸개를 죽이자, 군사들이 따라 들어갔다. 상호군 김장수는 진압 현장에서 전사하였다.

최영 장군은 군사들을 정돈하고는 반역 무리를 모조리 소탕하고 변란을 평정하였다.

흥왕사에서의 반란을 토벌하여 사직을 바로 일으킨 공(興王討賊功)으로 최영 등 28명에게 녹훈을 하였다.

여러 번의 공신 기록을 종합하여 최영이 1위, 우제가 2위로 임명되어 장군은 일등공신인 진충분의 좌명공신(盡忠奮議 佐命功臣)의 훈장을 하사받았다.

최영 장군 아들 호군 최담을 이등공신으로 삼았으며 父子가 일등, 이등공신의 녹훈을 받았다.

장군은 왕명을 출납하고 궁중을 숙위하며 군사기밀을 담당하는 기구인 밀직사의 최고 관직인 판밀직사사(종2품)로 임명되고 우제 또한 밀직사가 되었으므로 왕의 신임은 막중하였다.

최영 장군은 왕을 호위하는 호위무사 우달치에서 12년 만에 왕의 최측근이 되었다.

홍건적이 침범하여 선박으로 강화도에 피신했던 최무선과 송부개도 뒤늦게 개경으로 돌아왔다. 그들은 현린 스님과 함께 장군이 일등공신이 되고 판밀직사사에 임명되었다는 소식을 듣고 축하하기 위하여 집으로 찾아왔다.

"형님, 축하합니다. 마침내 뜻을 이룰 기회가 찾아왔습니다."

최무선이 인사말을 하자, 최영 장군이 고개를 가로저으며 대답했다.

"왕에게 꼭 하고 싶은 말이 있었지만, 전란의 피해가 너무 커서 차마 말하지 못하고 미루었네."

현린 스님이 합장하며 말했다.

"나무아미타불 관세음보살, 말씀대로 지금은 백성들을 위무할 때입니다."

어느새 햇빛이 봄바람을 이끌고 마당 끝에 있는 모감주나무를 스치고 가지마다 샛노란 꽃이 흐드러지게 피고 있었다.

공민왕은 안렴사 이보림으로 하여금 국문을 시행토록 하고는 처형하였다. 그리고 육시를 시행하여 사지를 찢어 머리를 개경 저자에 효수했으며 가산을 모두 몰수하고 집터는 연못으로 만들었다.

김용의 변란으로 조일신, 정세운 등 원나라에서부터 공민왕을 숙위하고 추종했던 최측근 세력들은 모두 제거되었고 왕의 외척이며 최고의 지원 세력이던 홍언박까지 죽음을 당하여 친왕 세력이 모두 와해가 되었다.

변란 진압에 전공을 세웠던 최영 장군의 입지는 더욱 강화되어 군권을 바로잡았으며 첨의 찬성사 겸 제조정방으로 왕의 지근거리에서 근무했다.

김용이 갖고 있던 '묘아안정주'라는 진귀한 진주 보물을 압수하여 도당에 보냈다. 관리들이 모여 돌아가며 구경하고 있었는데 장군은 "일국의 신하로서 김용은 이런 물건들로 정신이 흐려져서 마지막으로 충성과 양심을 잃었소. 여러분은 지금 무엇을 구경하고 있는가?"라며 역심을 품고 반란을 일으킨 이가 아끼던 재화에 관심을 보여 그렇게 구경만 한다며 한심한 처사라며 따끔하게 힐책했다.

장군은 도당에 나가 정무를 논의하는 과정에서도 직언과 직설을 서슴없이 했으며 자기 자신 또한 항상 마음이 곧고, 정의로운 말과 행동으로만 일삼았다.

덕흥군의 모반(謀反) 격퇴

　1363년 5월, 통역관인 이득춘이 원나라로부터 돌아와서는 조정에 보고했다. "황제가 덕흥군을 왕으로 기삼보노를 그 원자로, 이공수를 우정승으로 삼았습니다. 최유는 스스로 좌정승이 되었고 고려 사람으로서 원나라에 있는 자는 모두 위관에 임명되었습니다. 요양성에 군사를 청했는데 군사가 출발했습니다."라며 최유가 덕흥군을 앞세워 모반을 자행하고 있다고 했다.

　12월, 최유가 덕흥군과 함께 원나라 군사 1만 명을 동원하여 요동으로 나와 진영을 꾸미고 있었다.
　덕흥군은 충선왕의 서자로 셋째 아들이고 충숙왕의 아우이며 공민왕의 삼촌이었다.

　1364년 정월, 기황후는 공민왕을 폐위하고 덕흥군을 고려왕으로 즉위시킨다는 명분으로 고려에 알려왔다.
　공민왕이 반원정책을 추진하면서 기황후의 오빠인 기철 등을 죽인 것에 기황후가 원망하는 틈을 타서 공민왕을 폐하고는 덕흥군을 고려 국왕으로 추대한 것이었다.

최유와 덕흥군은 압록강을 건너 군사를 통솔하여 화주 일대를 함락하고 의주에 진영을 쳤다. 고려의 관군들은 이들을 맞아 싸웠으나 대패를 거듭하였다.

왕으로 추대받은 덕흥군의 원군은 승승장구하여 선주를 점거했으며 민심이 흉흉해지고 백성들은 원나라 군사를 두려워하고 있었다.

최유 일파가 덕흥군을 앞세워 침범해 왔을 때, 이미 경천흥을 서북면 도원수로 삼아 안주에, 안우경을 도지휘사로 삼아 의주에, 이구수를 도순찰사로 삼아 인주에, 이순을 도체찰사로 삼아 이성에, 우제와 박춘을 도병마사로 삼아 강계와 독로강 등지에 주둔시켜 대비토록 하였다.

안우경이 일곱 차례나 전투를 벌여 싸웠으나 패배하여 물러나 안주로 후퇴하여 진영을 가다듬고 있었다.

패전 소식이 전해오고 민심이 흉흉하여 두려워하던 공민왕은 최영 장군을 불렀다.

"사태가 위급하니 이제 믿을 사람은 장군뿐이오. 덕흥군을 앞세운 최유의 모반을 격퇴하시오."

왕은 찬성사 최영을 서북면 도순위사로 임명하여 정예군을 거느리고 안주로 급히 가서 제군을 통합 지휘하도록 했다.

최영 장군은 왕명을 들은 즉시 안주로 출발하여 현지에 도달하고는 장졸들을 격려하며 기필코 적을 토벌할 것을 맹세하니 백성들은 장군을 신뢰하였고 조야의 인심은 장군을 믿어 두려움이 없게 되었다.

장군의 군 막사에서 승군을 이끌고 있던 현린 스님이 찾아와서 말했다.

"장군, 최유란 놈이 바로 누이 연을 원으로 끌고 간 최안도의 아들입니다. 저놈을 반드시 쳐서 그 아비에 대한 못한 원한을 갚읍시다."

"아무려면 기필코 처단해야지!"

최영 장군은 즉시 출정하며 장졸을 격려하면서도 전투에서 도망병을 만나기만 하면 그때마다 참수한다는 군령을 내리고 규율을 엄격히 시행하며 전투에 임했다.

장군의 용병술로 장수들과 더불어 부대를 몇 개조로 나누어 적을 공격하도록 명령했다.

정주까지 진격하여 수주의 달천에서 진지를 구축하고 있던 최유의 군대와 싸워 대파시켜 격퇴하였다. 적들이 달천에서 크게 패배하여 최유와 덕흥군은 압록강을 건너 달아났다. 원나라 대도로 귀환한 군사는 몇십 명에 불과했다.

귀환한 덕흥군은 곧바로 장형에 처했으며 고려의 요구에 따라 고려로 소환되려 할 때 등창이 나서 보류되었다.

10월, 원나라에서 최유를 잡아 함거로 압송하여 순군옥에 가두고는 칼을 씌운 채로 십자대로에 끌어내었다.

"저 역적 놈을 육시에 처하라!"

백성들의 고함이 하늘을 날자 씌워진 칼 위의 목이 땅으로 떨어졌다.

"정녕, 저놈이 연을 끌고 가고 내 아비를 죽게 만든 최안도의 아들이란 말인가!"

현린 스님은 한순간 불심을 잃은 듯 형장에서 목이 떨어지는 최유의 마지막 단말마를 바라보며 치를 떨었다.

"나무아미타불 관세음보살."

현린 스님은 40여 년 만에 누이 연과 상봉을 하여 충남 아주에 거처를 마련하고 여동생 딸인 조카 은씨와 함께 살도록 주선했다.

최유의 반란군을 토벌한 서북면 도원수 경천흥, 도순위사 최영 장군 등이 개선하니 왕이 국청사 교외에서 잔치를 베풀며 위로했다.

문익점이 원나라에서 돌아왔다. 그는 사이가 좋지 않은 최유의 모함으로 남방 운남에서 13년이나 유배되어 생활하고 있다가 최영 장군의 평정으로 좋은 세상을 만나 사천성 검남에서 목화씨 몇 알을 갖고 귀국했다.

공민왕은 공적을 인정하여 최영 장군을 문산계 품계로 정1품 상인 벽상삼한 삼중대광(壁上三韓 三重大匡)에 봉하였다.

최영 장군은 고려 말 권신들의 횡포를 그대로 보여준 변란인 '조일신의 반란'을 평정하는 것으로부터 김용 일당이 일으킨 '흥왕사의 변란'을 격퇴하였으며 원나라의 정치적 권력을 등에 업고 덕흥군을 앞세운 '최유의 모반'을 타개하여 왕실을 평정하는 데 명실상부한 중추적인 역할을 했다.

앞서 원나라 장사성 반란군 정벌인 원정을 성공적으로 임무를 완수하여 우리나라 역사상 최초의 해외파병으로 국위를 선양하기도 하였고, 당시 중국의 상황을 상세히 파악하여 고구려의 옛 땅인 쌍성총관부를 되찾는 데 전력을 다하여서 국왕과 나라를 보호하는 장군으로 우뚝 섰다.

1364년 섣달 초하루에는 왜구가 조강으로 침략하여 관리를 살해하는 만행을 저질렀다고 하는 보고가 올라왔다.

보고를 받고 공민왕은 찬성사 최영 장군을 불러 군사를 거느리고 조강으로 급히 달려가서 적을 물리치도록 명령을 내렸다.

조강은 서강과 임진강이 만나서 바다로 나가기 직전에 형성된 짧은 강인데 시도 때도 없이 왜구들이 출범하여 백성을 약탈하는 곳으로 조정에서는 골칫거리였다.

장군은 훈련이 잘된 군사를 징집하여 삼오 전법을 활용하여 왜구를 모조리 소탕하여 평정시켰다.

이듬해 3월에도 왜구가 교동과 강화에 침투하여 노략질을 일삼고는 여세로 예성강과 조강으로 들어와 침탈하여 백성들은 피해

고려 명장 최영 장군의 리더십

와 고통을 겪어야만 했다.

　동서강 도지휘사로 임명되어 군사를 이끌고 동강과 서강에 출전하여 강화와 교동에서 왜구들을 물리치는 혁혁한 공을 세우기도 하였다.

　강화도 교동도에 주둔하여 전투에 임하면서도 백성들에게 바다의 갯벌을 메워서 토지로 개간하여 농사를 짓도록 하는 방법을 전수하는 최초의 간척지 사업을 시행하였다.

　경상도 부산과 마산, 남해, 전라도 여수 등지에서 왜구의 침구에 대비하여 임무를 수행하는 과정에서도 틈틈이 농부에게는 농사를 짓도록 씨앗을 제공해 주어 농사 방법을 알려주었고 고기를 잡는 어부에게는 그물을 짜는 요령과 고기를 잡는 방법을 전수하여 백성들로부터 많은 추앙을 받았다.

신돈의 모함에 계림윤으로 좌천

1365년 2월, 공민왕은 노국대장공주가 임신하여 해산 달이 되자 이죄(살인과 강간)를 제외하고는 모든 죄수를 사면했다.

공주가 난산으로 위독해지자 왕이 분향하고 단정히 앉아서 잠시도 왕후의 곁을 떠나지 않았으나 2월 15일 노국대장공주는 숨을 거두었다. 왕은 비통하여 식음을 전폐하고 어찌할 바를 몰라 허둥지둥하니 찬성사 최영이 다른 궁전으로 거처를 옮길 것을 간청했다.

왕이 단호하게 거절했다.

"내가 공주에게 그렇게 하지 않기로 약속했으니 다른 곳으로 멀리 피하여 내 한 몸만 편하게 있을 수 없습니다."

노국공주의 갑작스러운 죽음으로 공민왕의 개혁 정치가 중단되면서 엄청난 폭풍이 휘몰아 왔다.

1363년 5월부터 공민왕은 20여 항목에 걸친 개혁 내용을 하교하여 여러 가지 폐단과 불법 부정을 바로 잡으려고 했으나 실의에 빠져 휘청거리기 시작했다.

혈기 왕성하고 영민했던 왕이 한순간 술과 미색에 빠져 간신들

고려 명장 최영 장군의 리더십

의 소굴이 된 조정이었으며 허송세월이 지난 고려의 명운을 가르는 위기의 순간이었다.

요승 신돈이 실의에 젖어 불안하고 혼돈에 빠진 왕에게 접근하여 유혹했다. 공민왕은 요승(妖僧)인 신돈을 불렀다.

"그대는 현 시국을 어떻게 보는가?"

"전하께서 백성을 불쌍히 여기셔서 많은 항목에 걸친 개혁을 하교하셨지만, 그 걸림돌이 재상들이지 않습니까? 그렇다면 그 재상들을 바꾸시면 됩니다."

신돈을 사부로 삼아 국정을 자문토록 하였다. 그 이전에는 보우와 나옹 선사가 왕사를 맡아 국정을 자문하기도 하였다.

공민왕이 신돈에게 은밀히 말했다.

"내가 임금이 된 지 하루도 쉴 새 없이 나라의 존망에 위기가 닥쳤었는데 그때마다 공신에게 녹훈으로 재산을 나누어 주었으니 나의 백성은 대체 어디에 있고 누구란 말이오?"

"전하, 이 나라의 모든 산천은 모두 전하와 백성의 소유입니다. 그러니 공신이나 사대부의 것이 아닙니다."

"사부께서 나와 생각이 같으니 이제야 내가 왕 노릇을 제대로 할 수가 있겠소."

"여부가 있겠습니까? 신에게 명령만 하달하십시오. 제 손에 피를 묻히겠습니다."

요승 신돈은 최유의 난을 제압한 공을 녹훈하라고 도당에서 건의가 올라온 것을 빌미로 왕에게 주청했다.

"조정을 쇄신한다는 구실로 저들을 탄핵해 버리십시오."

"털어서 먼지 하나 안 나오는 최영을 무슨 죄목으로 탄핵한단 말인가요?"

"전하께서 가장 신뢰하는 사람이 누구입니까?"

"위태로운 나와 나라를 구한 신하로는 최영이 제일이란 것을 고려 사람이라면 다 아는 사실이 아닙니까?"

"그러면 그를 먼저 탄핵해야 합니다. 그러고 나서는 다음 사람들을 탄핵하면 내외가 따를 것입니다."

"더욱이 지금 최영이 찬성사로 인사권을 쥐고 있는데 인사권을 회수하면서 군권도 함께 회수하여야 합니다."

최영 장군은 유탁, 경천흥 및 밀직부사 오인택과 함께 정방(인사 행정기구)을 통솔하고 있었다.

요승 신돈은 공민왕의 부름을 받고 개혁을 주도하게 되었다. 도당과 권신들의 반대가 거셌으나 왕의 신임을 받은 기회를 놓치지 않고 불교와 정치를 아우르는 최고 권력으로 국정을 장악해 나갔다.

신돈은 위복(威服)을 자행하여 밀직 김란의 집에 유숙하고 있었는데 김란이 자청해 두 딸로 하여금 시중을 들게 하였다. 이 사실을 들은 최영 장군은 김란에게 노발대발하며 책망했는데 그러한 사실을 신돈에게 일러바쳐 최영 장군을 미워하게 되었다.

공민왕과 신돈은 제일 먼저 최영 장군을 탄핵했다.

"최영이 공신 중 1등이니 맨 먼저 이 사람을 처리해야 합니다."

"공신들이 반발할 텐데요."

"취모구자(吹毛求疵)라는 말이 있습니다. 그럴만한 꼬투리를 찾아내면 됩니다."

그때, 마침 최영 장군이 경천흥과 함께 병사를 거느리고 동교에서 사냥을 벌였는데 신돈이 이 일을 꼬투리 삼아 왕에게 참소하니 왕이 판개성부사 이순을 보내 질책했다.

"주상이 과연 그것을 문제로 삼았을까?"

이순이 대답했다.

"정국을 바꾸려는 모양입니다. 당분간 소나기를 피하십시오."

장군은 혼자 생각했다.

'공주가 죽고 없는 지금 요동 수복을 진주한 것이 부담되었나?'

공민왕은 신돈의 계략으로 인하여 최영 장군으로부터 군권을 박탈하고 계림윤으로 좌천을 시켰다.

5월 13일, 계림(경주)윤으로 좌천 명령을 받고는 궁궐을 향해 탄식하고 왕에게 정중히 인사를 올리고 임지로 떠나갔다.

"찬성사, 조금만 기다리소서."

경천흥과 오인택이 숭인문까지 나와서 전별금을 주며 환송했다.

"우리가 구하지 못해서 미안합니다."

최영이 오인택에게 담담한 눈빛을 보내며 말했다.

"요즈음 죄를 부여받은 사람들은 목숨을 보전하기 힘든데 나는 계림윤으로 가라는 명령을 받으니, 임금의 은혜가 두텁습니다. 두

분도 부디 몸조심하시오."

장군이 점점 멀어져 가는 뒷모습을 보며 오인택이 허리를 숙여 인사를 올렸다.

장군보다 나이가 많은 생질 김저가 찾아왔다.

"조카님은 내 일에 절대로 나서지 마시고 우리 가족을 잘 보살펴 주십시오."

김저는 그러하겠다고 약속하고 서로 이별을 했다.

머나먼 계림으로 떠나는 것이 아쉬워 가족들은 눈물을 흘리면서 전별하고 있는데, 현린 여동생 향의 딸이 어느덧 처녀가 되어서 장군을 따라가겠다고 나서는 바람에 함께 계림으로 동행하였다.

불합리한 좌천에 동조 세력을 형성하여 요승 신돈을 격파하고 공민왕에게 맞서 항의했다면 충분히 입장을 관철할 수도 있었던 장군의 위상이었지만 주상을 향하여 공손히 인사를 올리고 임지로 떠났다.

지방관을 역임하는 동안 매일 아침 개경을 보면서 먼 산을 향해 주상에게 문안 인사를 올렸으며 고을 구석구석을 살피고 다니며 궁핍하고 어려운 백성들을 그냥 지나치지 않았다. 평소 자신의 소신대로 검소하고 강직한 모습을 먼저 보여주므로 탐관오리에 시달렸던 백성들은 장군의 청백리 모습에 고개를 끄덕였다.

7월, 왕의 조처에 불만을 가진 신돈은 무고했다.

고려 명장 최영 장군의 리더십

"전하, 최영과 이구수들이 환관 김수만과 결탁해 임금과 신하를 이간질하고 충신을 배척하는 등 불충을 저질렀습니다."

왕이 국문토록 지시를 내렸다.

불국사에서 기거하며 불경을 공부하던 현린 스님은 여동생 향의 딸 은씨와 함께 생활하고 있는 계림 처소로 가서 찬성사로 동, 서 강 도지휘사에서 계림윤으로 좌천된 것을 위로하고 있었는데 이득림과 오계남이 계림까지 내려와서 국문하였다.

"때려서 길들여지는 신하라면 누가 충신이라 하겠소?"

이득림이 장군을 국문하면서 기필코 죽이려고 하자, 현린 스님이 급히 말을 타고 달려 경상도 순문사로 합포에 머물고 있던 정사도에게 구원을 요청하였다.

"늙은 요승이 도지휘사 최 장군을 기어이 죽이려고 합니다. 급히 구할 방책을 마련해야 합니다."

정사도가 계림으로 달려가서 죽기를 각오하고 이득림에게 최영 장군 국문에 대한 부당성을 따졌다.

"최 장군이 환관들과 어울리기나 하는 사람이오? 홍건적을 경성에서 물리칠 때와 김용의 난리를 일으켰을 때 적의 칼끝에서 두 번이나 자네를 구한 사람이 누구였던가? 무인으로 의리를 갖지 못할망정 늙은 요승에 붙어 의리를 배반하겠다는 말이오!"

이득림이 고개를 떨구었다.

주저하고는 신돈에게 보고하니, 신돈은 정사도까지 파면시켰다.

결국 최영 장군을 계림윤에서 파면하고는 정사도가 떠난 합포로 유배를 보냈다. 은씨도 계림의 삽사리 강아지를 안고 장군을 따라 합포 유배길에 따라나섰다.

임군보가 비록 신돈 때문에 재상이 되었으나 내심으로는 부끄럽게 여긴 나머지 왕에게 간언했다.

"최영과 이구수 등은 모두 계묘공신(1363)으로 10대의 자손까지도 용서해 주어야 마땅한데 무슨죄로 내치셨습니까? 게다가 사부는 본래 중입니다. 나라에 사람이 부족하지만 어찌하여 미천한 중에게 정치토록 하여 세상 사람들의 웃음을 사십니까?"

그러나 공민왕은 말을 듣지를 않았다.

시중 김보도 여러 차례 왕에게 간청하였으나 신돈이 참소하여 그를 파면시켰다. 최영 장군은 임군보, 김보 같은 충신들이 여러 번 간언하여 죽음을 당하지는 않았다.

1371년 윤3월, 북원의 요양행성 평장사인 유익이 요동 4주를 명나라에 기부하려고 했으나 본래 고려의 땅을 침범하여 빼앗아 갔던 땅이었으니 지금 고려의 강역이므로 기부하려는 움직임을 보였다.

왕은 요양이 본래 우리 땅이라서 기부한다는 의견을 신돈에게 묻자, 신돈은 협박하면서 거부를 하였다. 공민왕은 빼앗긴 땅을 되찾는 일이 급선무였지만 급변하는 요동의 정국을 판단하면 이이제이(以夷制夷) 전략이 필요하다는 것을 인지한 것이었다.

신돈으로는 구토를 회복시키는 일이 불가능하구나! 하면서 불현듯 왕의 뇌리에 스치는 인물이 있었다.

'최영이라면 어떻게 해결책을 낼까?'

최무선은 예성강으로 조운하는 뱃사람들과 평소 친하게 지내어서 각 지역에서 일어나는 각종 정보를 남보다 빨리 입수하고 또 인맥을 긴밀히 관리했다. 백성들은 최무선을 대인이라고 불렀다.

모시를 대량 구입하고는 명나라 상인과 페르시아 상인들과 서각 등으로 교환하고, 합포에서 올라오는 조운사를 통해 최영 장군의 소식을 자세히 듣고 있었다.

따사로운 햇볕이 바닷물을 때리고 동남풍이 솔솔 산과 바다를 넘어 넘실대며 다녔다. 그날도 어김없이 아침이 밝자 먼 산을 바라보며 주상을 향해 문안 인사를 올렸다.

합포 유배지가 배소라고 하지만 백의종군하는 지역이라서 제법 망루도 갖추어져 있었다. 양지바른 곳 탁자 위에는 장군이 만든 화살이 수북이 올려 있었다. 거기에 방금 마감을 끝낸 화살 하나가 또 올려져 있었다.

'지난밤 꿈에 용상이 나타났었는데 소식이 있으려나?'

그때, 사립문이 열리고 젊은 노복 안용이 마당으로 들어서자마자 넙죽 큰절을 올리며 문안 인사를 올렸다.

"대감마님, 그간 안녕하십니까? 소인 인사 올립니다."

장군도 그에게 답례했다.

"안용아, 네가 못 본 새 많이도 컸구나. 그래, 마님은 두루 편안하시냐?"

"네, 이현동 본가는 모두 무탈하십니다. 마님께서 개경 걱정은 조금도 하지 마시라고 전하셨습니다."

"그래, 일부러 다니러 온 것 같지는 않구나?"

"네, 소인이 급히 달려온 것은 곧 소환 명령이 있을 것 같다는 말씀을 전하기 위해서입니다."

"소환이라면, 음……, 북쪽에 무슨 큰일이 벌어진 게로구나!"

안용이 바랑에서 꼬깃꼬깃 숨겨진 편지를 꺼냈다.

"최무선 나리께서 보낸 서찰입니다."

최무선으로부터 온 서찰을 빠르게 읽고는 길게 한탄했다.

"아, 슬프다! 조정의 문신들이 무기력하여 스스로 호기를 잃고 있어 앞으로 구강을 회복할 기회를 잃고 말았구나!"

안용이 책을 한 권 꺼냈다.

"이 책은 명나라에서 발간한 '원사'의 '세조본기'를 발췌한 것이랍니다."

"이 책은 누가 보낸 것인가?"

"주상의 명으로 이인임 대감께서 보낸 것입니다. 그 속에 동봉한 편지가 있답니다."

장군은 편지를 펼쳤다.

"지난날 주상께서 그대가 약속한 것이 있었다는데 읽어보시게나."

며칠 후, 두 사람에게 답장을 썼다.

안용을 보내고 나서 장군은 원사 '세조본기'(제4권~제17권)를 보기 시작했다.

고려 명장 최영 장군의 리더십

6년여에 걸쳐 이어진 신돈의 집권은 공민왕의 복잡한 정치 상황에서 특이하게 방탕한 생활을 자행하여 원성이 빗발쳤다. 신돈은 부정과 간음으로 부패를 일삼아 개혁은 실패로 돌아갔고 폭위가 점점 심하여 공민왕은 자칫 왕권까지 위협을 받아 위기감을 느끼고 있었다.

　기세등등한 신돈은 재빨리 알아차리고 왕이 시기할까 두려워 초조한 나머지 반역을 도모하여 실행에 옮겼다. 공민왕이 능으로 행차하는 날 심복을 매복시켜 놓았으나, 암살계획은 발각되어 광기로 끝났다.

　신돈을 수원으로 귀양을 보내고는 8년 전에 김용의 목을 베었던 김두의 서슬 퍼런 칼날이 이번에는 신돈의 목으로 지나갔다. 한 시대 권세의 서슬로 많은 사람을 베던 칼날이 자신 목을 벨 줄 어찌 알았으랴.

　임박이 말 안장에서 김두에게 말했다.

　"나라의 공을 세운 지사는 내쫓고 백성의 원성을 샀으니, 대체 공을 세운 지사는 누구를 가리키는 거요?"

　"고려에 대한 충정으로 헌신하는 청백한 관리는 오직 최영 장군뿐이지 않소?"

최영 장군의 복귀

1371년 8월, 최영, 황상, 안우경을 문하찬성사(門下贊成事)로, 이순을 삼사좌사로, 윤환을 감춘추관사로 임명하였다.

6년 만에 최영 장군은 복귀하여 재상으로 임명되었다.

공민왕은 최영을 뒤늦게 복귀시킨 것을 후회하고는 장군을 불러 독대하고 위로하면서 당면한 정국을 해결할 방법을 모색하였다.

최영 장군이 아뢰었다.

"지난 6년 동안 대륙에서는 홍건군으로 일어난 농민들이 원을 몰아내고 대변혁이 일어나는 동안 우리 고려는 간신들이 득세하여 많은 신하가 처형되었고 겨우 몇몇 신하만 살아남았습니다. 이들이 또 복수의 칼을 휘두를 테니 당분간 국론을 한곳에 모으기는 매우 어려울 것입니다."

장군의 말에 공민왕은 부끄러웠으나 할 말은 있었다.

"그래도 지난해에 요녕을 공격했으니, 예전에 그대와 내가 처음에 한 약속을 실천한 것이 아니요?"

"전하, 모든 일에 적당한 시기가 있듯이 기회도 호기가 따로 있습니다. 고려가 구토를 회복할 기회는 1365년부터 1371년까지였

고려 명장 최영 장군의 리더십

습니다. 그런데 소신은 먼 남쪽 바닷가에서 귀양살이로 허송세월 보냈으니 잃어버린 황금시간을 어떻게 되돌릴 수가 있겠습니까?"

장군은 가슴으로 뚝뚝 떨어지는 눈물을 주체할 수가 없었다.

"기회는 또 기다리면 오지 않겠소? 경처럼 강한 장수가 어찌 이처럼 나라를 잃은 듯이 낙담만 한다는 말이요."

공민왕은 늘 위용을 자랑하던 최영의 얼굴에 거침없이 흐르는 눈물을 보았다.

"대륙에서 제국이 한 번 서면 이백 년 삼백 년은 갔었지만, 당나라나 수나라처럼 30여 년 내에 망한다면 그 기회가 다시 우리에게 오지 않겠습니까?"라고 왕은 위로하듯 말했다.

"전하, 구토를 회복하는 일을 두고 어찌 남이 던져 주는 기회에 의존하려 하십니까? 스스로 기회를 개척하셔야 합니다."

왕은 기꺼워하며 최영 장군의 술잔에 술을 채웠다.

"좋소, 꼭 그렇게 합시다."

왜적의 침입이 잦아지고 있으므로 공민왕과 최영 장군은 수군 양성이 최선책으로 믿고 논의하였다.

옛날이나 지금이나 군주와 나라의 성공은 민심에서 나온다고 했듯이 나라의 발전 역량은 사람 능력을 얼마나 잘 살리느냐에 있다. 한 사람의 능력과 경험이 나라 발전에 크게 촉진제 역할을 할 수 있었다. 공민왕은 그런 믿음에 가장 적합한 인물은 충성심과 신의가 투철한 최영 장군이었다.

장군은 대전에서 나와 현린 스님을 수소문하였더니 스님은 금강산 장안사에서 하산하여 연천현 기황후의 무덤에 있었다.

바람같이 말을 급히 타고 달려 현린 스님이 있는 연천으로 갔다.

"스님, 장안사에 있어야 할 분이 이곳엔 웬일이오?"

살갑게 서로 두 손을 감싸 잡았다.

"그 말은 내가 묻고 싶은 말이오. 남쪽 바다에 있어야 하는 분이 어찌 이곳까지 걸음을 하셨소?"

현린 스님이 야트막한 산기슭 기황후의 묘 앞에서 최영 장군을 반갑게 맞이했다.

"황후의 위패를 금강산으로 모셔 가려고 능에 들러 고하는 중이오."

"또 누이 생각을 한 거로군요?"

현린이 누나 연의 부탁으로 이곳 묘소에 와 있다는 것을 알아차렸다. 그는 늘 기황후를 누이처럼 여기고 있었다.

최영은 황후의 묘 상석에 제물을 차려놓고 무릎을 꿇어 향을 피우고는 술을 따른 후 절을 올렸다.

"연이 누이나 황후나 모두 같이 이곳 힘없는 고려에서 태어난 죄밖에 더 있겠소."

장군은 어릴 때 모습부터 공녀로 끌려갈 때 그리고 대도의 법원사에서 만났을 때의 장면이 겹치면서 순서 없이 뇌리를 스쳤다.

어느덧 마 환관과 이 환관이 장군에게 다가와서 엎드려 절을 올리고 나서 말했다.

"황후께서 생전에 장군을 많이 그리워하셨습니다."

육도 도순찰사(六道 都巡察使) 임명

10월, 최영 장군은 육도 도순찰사로 임명되었다.

공민왕이 생각하기를 1368년 명나라를 건국한 주원장과 맞서려면 화약과 화포는 물론 전함이 있어야 한다는 것을 정확히 인식하고 있었다.

최영에게 명령하여 군대를 재편성하여 병적을 정리하고 전함을 제작하도록 했으며, 장수와 수령을 출척(黜陟)하게 하는 권한을 부여하고는 죄가 있는 자는 지위 고하를 막론하고 모두 직접 결정하고 실행하라는 지시를 내렸다.

명령을 받들어 육도를 순찰하며 탐관오리나 군기가 해이한 장수와 수령들을 색출하여 관직을 박탈하고 성실히 근무하는 관료는 승진시키는 결정을 정당하게 행하여 호령을 엄하게 다스려 행정기관의 기강과 군사들의 군기를 바로 잡았다.

군대를 재정비하여 새롭게 편성하고는 병적을 바로잡았으며 전함을 건조하고 화전을 제작하여 군사 대비를 강화하였다.

양광도 도순문사 이성림이 왜적을 능히 방어하지 못했다고 하여 도진무 지심과 함께 곤장을 쳐서 봉졸로 유배를 보냈다.

육도를 순찰함에 법이 심히 준엄하여 잘못하는 수령들 가운데 벼슬을 깎아내리는 자가 많았으나, 청렴한 관리 이무방이 다스리는 계림에 이르니 지경 안이 정숙하므로 장군이 크게 기뻐하였는데 그 공적이 순찰사에게 인정이 되어서 판개성부사로 승진시켰다.

청렴한 사람 눈에는 청렴한 사람이 보였다. 신상필벌(信賞必罰)의 원칙에 따라 공이 있는 장수는 발탁하여 승진시키고 수령으로서 죄를 범한 자는 엄중히 처단하였다.

도당에서 돌아온 장군은 최무선이 연구하는 일을 잘 알고 있었으므로 조정에서 논의되는 이야기를 차근차근 전해주었다.

"아우가 꼭 화약을 만들어내야 고려인의 꿈을 이룰 수가 있다네."

최무선은 명으로부터 침입 협박을 받는 조정에서 논의가 한창 각박할 때 저들은 화포를 사용하는데 고려는 화약도 제조하지 못하니 하면서 한탄하는 최영 장군의 말이 귓구멍으로 항상 들리었다.

화약 개발의 중요성은 왜구 토벌이 방어 위주의 전략에서 공격적인 전략으로 전환한 것이기도 했다. 화약을 도입하기 위하여 명과 교섭을 전개하는 동시에 재래식 무기를 수전에 적절히 활용할 수 있도록 정비하고 보완하는 데에도 노력을 게을리하지 않았다.

검교중랑장 이희가 글을 올려 수전을 훈련해야 한다고 건의했다. "지금 왜구가 바야흐로 극성한데 배 타기를 익히지 못한 백성을 몰아다가 수전하게 되니 매양 패전하게 됩니다. 신은 해변에서 생장했으므로 수전을 조금 익혔습니다. 원하건대 배를 부리는 데 익숙한 바닷가에 사는 백성들을 거느리고 함께 힘을 다하여 싸운다면 공을 세울 수 있을 것입니다."

중랑장 정지도 건의했다. "내륙에 사는 백성은 배를 부리는 데 익숙하지 못하니 왜구를 막기 어렵습니다. 해도에 나고 자랐거나 해전에 자청하는 자만을 뽑아 편성하는 것이 왜구를 소탕할 수 있을 것입니다."

왕이 읽어보고 기뻐하며 최영을 불러 그들의 계책에 대하여 의논하였다. 장군의 생각도 같았다.

"전하, 바다에 사는 사람들로 별도로 수군을 만들자는 계책은 왜구가 들끓는 지금의 상황에 매우 적절한 계책이라 봅니다. 그러나 배가 없으면 먼저 공격하거나 추적할 수가 없으니, 육도에 병선 2천여 척을 건조해야 합니다. 일전에 말씀드린 대로 고우성에서 적이 8천여 척으로 공격해 왔던 일을 상기하소서."

시원한 결정을 내리지 못하는 공민왕을 설득하여 병선 2천여 척을 건조하기 시작했으며 별도의 수군부대를 창설하였다.

이듬해 봄, 경상도 안렴사가 보고를 했다. "왜구가 경상도 합포로 침구하여 병선 40여 척을 파괴하는 바람에 백성과 병사의 피해가 매우 많습니다."

왜구는 합포에 도달했다가 전라도를 경유하여 황해도에 이르는 전 지역을 침구하는 것이어서 최영 장군은 미리 합포에 대규모 군사를 포진해 놓고 있었다.

최영 장군을 경상, 전라, 양광도 삼도 도순문사로 삼으려 했으나, 대사헌 김속명과 지평 최원유가 최영의 개혁 정책을 탄핵하며 임명을 반대했다.

"최영이 도순찰사가 되어 많은 전공이 있었으나 여섯 도를 소란하게 했는데 다시 순문사로 파견하는 것은 옳지 못합니다."

최영 장군은 왕을 비난만 하는 권신 계파들과 갈등하는 군주가 안쓰러워 애타는 심정으로 왕에게 호소했다.

"신이 성심으로 나라를 위하여 몸을 바쳐 죽으려 하는데 이처럼 비방을 들었사오니, 소신의 관직을 파하여 주시옵기를 청합니다."

공민왕은 최영을 강직하게 여겼으면서도 도당에서 대임자를 천거하게 하여 전녹생을 장군 대신 경상도 도순문사로만 삼았다.

공민왕은 엄명을 내렸다.

"최영을 도순찰자로 임무를 수행하는 과정에서 정당하게 임하지 않고 잘못한 점과 도순문사 직책으로 정당하지 못한 점을 자세히 조사해 올리도록 하라."

조사 결과 대사헌의 논핵이 부당하다는 보고가 올라와 한때나마 탄핵하여 궁지에 몰아넣으려 한 책임부터 준엄하게 물었다.

최영을 논핵했다는 이유로 대사헌 김속명을 파직하고, 지평 최원유의 직책을 낮추어 연안부사로 삼는 한편, 문하평리 유연에게 대사헌을 겸임하게 했다.

최영 장군 자신은 이미 믿음과 의리가 있어 익히 알아차리고는 의연하게 대처하고 있었다.

공민왕의 가슴속엔 최영에 대한 믿음이 항상 존재하고 있었다. 곧은 인물 됨됨이가 든든하였고, 청렴 강직한 우국 충신이라는 것을 알았다.

최영 장군에게 군비를 강화하고 기강을 바로 세운 공적으로 일등공신인 진충분의 선위좌명정란공신(盡忠奮義 宣威佐命靖亂功臣) 훈장을 하사했다.

최고 훈장을 하사받았으나, 동료와 부하가 배신하고 모함하는 것을 알고는 심정이 착잡하여 충신으로 국가에 대한 충성심은 변함이 없다는 마음으로 까마귀를 비유하여 일편단심(一片丹心) 시를 지어 자신의 믿음을 달랬다.

"까마귀 눈비 맞아 희는 듯 검노매라.
야광명월(夜光明月)이 밤인들 어두우랴.
님 향한 일편단심(一片丹心)이야 변할 줄이 있으랴."

탐라국 목호의 반란 진압

1370년부터 명은 고려와 국교를 맺고 있었는데 당시 고려가 명에게 보낸 '탐라계품표'에는 "탐라의 통치권은 고려에 속한다. 몽골이 목양하던 말은 탐라 관원의 책임 아래 기른 뒤 바친다."라는 내용을 적었다.

이에 명은 "탐라의 통치권은 당연히 고려에 속한다. 몽골의 말은 제주인이 관리하라."라고 하고 그 대신 지금 관리하는 말 가운데 2천 필을 우리에게 바치라고 정했다.

고려는 약속을 이행하기 위해 1372년 3월 말을 뽑아내기 위하여 명나라에서 온 사신 유경원과 예부상서 오계남을 탐라국에 파견했다. 그러나 당시 남아 있던 원나라의 목호인 합적 석질리필사, 초고독불화, 관음보가 불응하여 사신 유경원과 탐라 목사 이용장을 죽였다.

목호는 원이 탐라국에 설치한 목장 관리를 위해 파견한 몽골인을 일컬었는데 오계남은 상륙도 못하고 돌아와서는 목호의 반란이라고 왕에게 아뢰었다.

탐라는 고려에 반환되었으나 목장은 원나라가 운영했으며 말을 기르는 목자인 목호 부원세력이 주동하여 반란을 일으켰다.

조정은 문화평리 한방언을 다시 제주도에 보내 원조가 망하였으니 계속 살고 싶다면 좋은 말로 2천 필을 가려서 보내야 한다고 지시를 내렸으나 조정의 명령을 듣지 않고 말을 3백 필만 보내왔다. 명나라 사신 임밀은 이를 보고 화를 내었다. 명과의 관계 악화를 염려한 공민왕은 탐라국인 제주를 토벌하도록 결정하였다.

1374년 7월 26일, 최영을 양광도, 전라도, 경상도 삼도도통사로 임명하고 전함 3백 14척과 군졸 2만 5천 6백여 명을 거느리고 가서 토벌토록 하였다.

밀직제학 염흥방을 도병마사로, 삼사좌사 이희필을 양광도 상원수로, 판밀직사사 변안열을 그 부원수로, 문하찬성사 목인길을 전라도 상원수로, 밀직 임견미를 그 부원수로, 판숭경부사 지윤을 경상도 상원수로 동지밀직사사 나세를 그 부원수로 임명하고 각자 자기 도의 군사를 지휘하게 하는 한편, 지문하사 김유와 판종부시사 황보림을 삼도 조전원수 겸 서해 교주도 도순문사로 임명해 제주를 토벌토록 했다.

공민왕은 탐라국 토벌의 당위성을 장수들과 백성들에게 교서를 내렸다.

"탐라국은 바다 가운데 있으면서 대대로 우리 조정에 공물을 바쳐온 지 5백 년이 되었다. 그러나 최근 목호인 석질리필사 등이 우리 사신을 살육하고 우리 백성을 노비로 삼는 등 그 죄악이 극도에 달했다. 이제 최영 장군에게 전권을 주노니 가서 모든 부대를 독려해 기한 내에 적도들을 깡그리 섬멸하도록 하라. 복종 여하에 따라 상벌을 내리되 벼슬을 무시하고 군율을 집행하라.”

출정식을 치르는 동안 전별하는 자리에서 장수들과 사병들이 배웅나온 가족과 함께 눈물을 흘렸다.

원나라와 명나라 틈에서 제주 섬 백성은 시달릴 수 없는 노릇이었다. 병력을 총지휘하는 최영 도통사는 오랑케 세력의 남방 정벌로 후일 북벌 대업의 서전으로 장식할 결의를 굳게 하였다.

도통사가 이끄는 토벌군은 전라도 나주에 집결했다.

최영 장군은 영산포에서 군사를 점검하면서 열병을 한 뒤에 장수들과 규율을 정하고 맹세하며 굳은 약속을 했다.

장군은 군사들에게 명령하였다.

“각 도에서 온 전선들이 뒤섞여서는 안 되니 돛대 위에 깃발을 각각 세워서 식별할 수 있도록 하라. 전선에는 두목관을 두어 행렬을 통제할 것이며 전선이 출항한 뒤에는 각각 선단의 대오를 정돈하고 마실 물을 제때 공급하라. 제주에 도착하면 각각 전함을 이끌고 동시에 진격하여 뒤떨어지지 말도록 해야 한다. 군사들이 각자 목적지를 점령하면 연화를 통하여 서로 보고하며 전 부대는 도통사의 뿔피리 소리를 신호로 기동하되 절대 어기는 일이 없도록 하라.”

“성을 공격하면 백성들 가운데 합적에 가담하여 우리 명령에 따르지 않는 자들은 군사를 동원해 모조리 죽여 버릴 것이며 항복하는 자는 공격하지 말라. 적 괴수들의 가산은 모두 관아로 거두어들이고 공사의 계약 문건과 금패, 은패, 인신, 마적을 발견하면 모두 관청으로 옮길 것이며 발견한 군사들에게는 상을 줄 것이다. 불당이나 신사를 지키는 사람들은 함부로 대하지 말라. 금은보화에 욕심을 내어 힘써 싸우지 않는 자나 탈취한 후 먼저 배를 돌려 도주하는 자는 군법으로 엄히 다스릴 것이다."

58세 나이로 백발을 날리며 웅장한 음성으로 도통사는 장수들을 둘러보며 엄명을 내렸다.

"왕이 신에게 명하여 반역을 토벌하라 하셨으니, 나의 말이 곧 왕의 말이다. 모두 내 명령을 따르면 모든 일이 순조롭게 이루어질 것이다."

장수들은 이 말을 듣고 모두 관을 벗고 사례를 했다. 제주도 토벌이 목호의 반란 세력을 진압하기 위한 점을 분명히 하고는 선량한 고려인과 종교시설은 보호하여야 함을 강조하였다.

토벌군의 전선은 나주와 해남, 탐진(강진)에서 출발하여 추자도를 경유하고 사서도 대소화탈도를 거쳐 애월포의 조천관으로 향하였다.

추자도에 도착할 무렵 갑자기 비바람이 몰아쳐서 선단이 뿔뿔이 흩어졌으며 선단 30여 척이 파손되었다.

추자도에서 순풍을 기다린 최영 장군은 네 명의 장수들에게 군사 5천씩 이끌게 했다. 그리고 각각 네 방향으로 공격하도록 명령했다.

군사들은 각각 도별로 선발된 군사라서 서로 간에 훈련뿐만 아니라 화합이 잘 되었다.

제주항 동쪽 - 삼도조전원수 김유, 황보림.

제주항 서쪽 - 경상도 상원수 지윤, 부원수 나세.

애월포 - 전라도 상원수 목인길, 부원수 임견미.

명월포 - 양광도 상원수 이희필, 부원수 변안열.

삼도도통사 최영 장군과 도병마사 염흥방을 명월포에 편성하였다. 임난수는 도통사를 호위하도록 조치했다.

토벌군은 8월 28일 명월포(한림읍) 등지에 상륙했다.

목호 세력 두목인 석질리필사, 초고독불화, 관음보는 기마병 2천여 명과 보병을 앞세우고 새별오름과 어음, 금악, 연래, 동흥 지역에서 항거하며 맞서 싸웠으나 토벌군에게 패전을 거듭하였다.

한라산과 해안선을 샅샅이 뒤지며 추적하니 석질리필사 등은 한라산 남쪽 서귀포 법환포구 앞의 범섬(호도)으로 도망쳐 들어가 숨어 있었다.

최영 장군은 범섬이 보이는 해안가에 군막을 치고 '내가 기필코 매부의 원한을 갚으리라.' 1356년 10월 탐라에서 원나라 목호 가을적이 반란을 일으켜 장군의 셋째 매부 제주판관 이양길이 피살되어 순직하였다.

목호들은 무원고도 범섬 꼭대기에서 해안을 내려다보며 토벌군의 급습을 대비해 방어 진지를 구축했으나 포위 속에서 이틀이 지나 석질리필사는 처자와 그 일당을 이끌고 항복했다. 초고독불화와 관음보는 죽음을 면치 못할 것을 알고 벼랑 끝으로 몸을 던져 스스로 목숨을 끊었다.

항복을 거부하는 자는 모두 죽었으며 금패 9개, 은패 10개, 인신 30개와 말 1천 필을 노획해 고을에 나누어주어 기르게 했다.

삼도도통사 최영이 이끄는 고려군은 9월 22일 평정을 완료하였다. 탐라가 백여 년 만에 온전히 고려 땅으로 편입된 것이었다.

최영 장군은 혼잣말을 내뱉었다.

'한시바삐 북쪽도 수복해야 하는데……'

오후, 각도 지휘관을 불러서 부대별로 귀환할 순서를 정하였다. 지휘관들이 각자의 막사로 돌아간 뒤에 해변으로 나와서는 지는 해를 바라보았다.

늦은 밤 자정 무렵, 깊은 수면 상태에서 장군은 소스라치게 놀라 소리를 치며 깨었다.

"안 돼!"

등줄기에 식은땀이 흘렀다.

"흉몽이로다!"

고개를 가로저으며 연거푸 중얼거렸다.

'주상의 신변에 변고가 생긴 것이 틀림이 없어…'

이전에도 자신이 꾼 꿈이 현실에서 매번 적중했기 때문에 불안감이 더욱 밀려왔다.

군막을 헤치고 밖으로 나왔다.

어둠을 풀어놓은 하늘에는 별들이 반짝이는 반주에 반달이 구름 타고 노래를 하고 있었다.

제주도 토벌 작전이 성공적으로 이르자 명의 황제는 제주도 통치에 대하여 친서를 보내 제주도가 고려의 영토임을 재차 확인했다.

"저 탐라는 고려와 가까우니 그대들이 관리함이 마땅하다. 나는 그곳을 차지해 관리할 생각이 없다."

제주도 토벌은 고려의 영토권을 확보하는 중요한 군사작전이었다.

토벌하러 들어갈 때와 평정하고 돌아올 때 풍랑을 맞아 추자도 점산곶으로 대피해 보름여 간 머물게 되었는데 이때, 최영 장군은 추자도 원주민들에게 활쏘기 등 싸우는 병법을 가르치고 그물을 짜는 방법과 풍랑에 따라 어망으로 고기를 잡는 법과 농사에 필요한 기술을 전수하였다.

추자도 원주민들은 장군으로부터 고기 잡는 기술을 습득하여 윤택하게 생활할 수 있었다고 하여 사당을 지어 매년 최영 장군의 업적을 기르며 대제를 올려 풍어와 풍농을 기원했으며, 지금도 추자도 주민들은 최영 장군을 수호신으로 받들고 있다.

최영 장군이 제주도에서 목호의 반란을 진압하기 위해 불철주야 전투하는 시기에 공민왕은 도통사의 위력을 빌어 고려의 중흥조가 되어 보려는 꿈이 사라졌다.

9월 21일, 환간 최만생 등과 야합한 자제위 홍륜이 칼을 들고 왕의 침전으로 기습하여 무참히 시해했다. 공민왕 나이는 마흔넷이었다.

왕이 시해되자 공민왕 어머니 명덕태후와 시중 경복흥은 종실 중에서 왕을 맞으려고 했으나, 이인임은 종친인 영녕군 왕유와 밀직 왕안덕과 함께 공민왕이 사가에서 낳은 아들 강령군 '모니노'를 추대했다. 우왕은 10세의 나이로 32대 왕으로 즉위했다.

우를 이인임이 맡아 길렀기 때문에 서로가 부자처럼 대하고 있었으며 아들이 없어서 더욱 그렇게 길렀으므로 서서히 이인임이 우왕을 섭정하기 시작하였다.

11월 3일, 목포에 도착하고 며칠이 지난 최영 장군은 장수들과 함께 개선하였으나 왕의 장례까지 치른 뒤였다.

나라가 온통 국상을 치르느라고 정신이 없었으므로 개선했지만 크게 환영을 받을 분위기가 아니었다. 군사들은 노고에 대한 아무런 보상도 받지 못하고 각자 자기 고향으로 뿔뿔이 흩어졌다.

개경 주변의 지휘관과 임지가 있는 장수들을 이끌고 현릉을 찾아 참배했는데 공민왕이 특별히 아끼던 최영과 목인길, 변안열은 진심으로 통곡하며 오열했다.

왕이 죽었으니 최영 장군은 남달리 가슴이 무너져 내림을 느꼈다. '대제국을 건설하여 후손에게 물려주자는 약속은 이제 어찌할꼬?'

만수산에 걸린 노을이 붉게 흩어지는 시각에 아들 최담의 안내를 받고 최무선이 사랑방으로 찾아왔다.

"형님, 무슨 일로 이다지도 혼자 한탄하십니까?"

"아우야말로 이 저녁에 무슨 일인고?"

"저야, 형님의 안부를 물으려고 들렀습니다."

최무선이나 아버님이 술을 즐겨 마시지 않는 것을 잘 아는 아들 최담은 집사를 시켜 식혜를 나오게 했다.

"아니다. 식혜는 그만두고 술상을 내오너라. 오늘은 아우와 술 한잔 나누고 싶구나."

"그러실 줄 알고 제가 곡주를 가지고 왔습니다."

최무선이 비단 보자기에 들고 온 술병을 최담에게 내밀며 말했다.

"그냥 술을 살짝 데워 오시게."

최담이 방에서 나간 뒤로 주변을 두리번 살피면서 최무선이 말했다.

"형님, 또 일이 늦춰지나 봅니다."

"어찌하겠나? 그러니 내 속이 타서 한잔하려는 걸세."

마주 앉은 두 사람의 어깨 위로 어느덧 초겨울의 스산함이 구슬

픈 바람으로 불어오고 있었다.

우왕 원년 최영 장군을 판삼사사(종1품)로 임명하였다.

재변 등으로 인하여 우왕이 수도를 철원으로 옮기려 하였으나 최영 장군은 무인이 아닌 조정의 대신으로서 중요한 결정을 논의하는 데 적절치 않다고 만류하여 옮기려는 계획을 중지하게 하였다.

무탁이 달려와 최영 장군에게 말했다.

"조카사위(누나의 사위)인 판사 안덕린이 함부로 사람을 죽인 죄로 양광도 안렴사 양이시가 형틀을 채워서 헌사로 이송했는데 도당에서는 장군과의 연고 때문에 안덕린의 죄를 경감시켜 주려고 순위부로 가두었습니다."

장군은 노했다.

"안덕린이 죄 없는 사람을 죽였으니 당연히 헌사에서 재판을 받아야 한다. 내가 순위부에 있는 터에 어찌 불편부당하게 신문할 수 있겠는가?"

죄인을 곧바로 사헌부로 되돌려 보내 법대로 처단하도록 하였다.

노구(老軀)로 출정 승리한 홍산대첩

─────────── ◈ ───────────

공민왕이 암살되자 1375년 1월 북원은 공민왕의 대명 외교에 대한 불만으로 심왕 고의 손자인 탈탈불화를 고려 국왕으로 책봉했다. 그해 8월, 요양의 신주에 당도하자 고려 내부의 혼란은 가중되어 이에 사태를 대비하기 위하여 여러 도의 병사를 징집하여 북방으로 보냈다.

이러한 틈을 타 왜구는 1376년 봄부터 덕적도와 자연도에 집결하여 호시탐탐 개경으로 침입할 기회를 엿보았으나 서강을 비롯하여 동강하구에 경계가 철저하여 지역을 찾지 못하여 물러갔다.

왜적은 개경 진입이 어렵게 되자 양광도 연안으로 침입하여 해안 지역에 침략하는 것으로 그치지 않고 금강을 거슬러 올라가면서 강과 인접한 지역을 약탈하는 방식으로 전환하여 본격적인 내륙 침투를 감행하였다.

금강 하구를 거슬러서 백마강에 닻을 내리고 유역의 여러 주현을 침략하여 주민을 살해하고 약탈과 방화를 일삼는 만행을 저지르고 있었다.

고려 명장 최영 장군의 리더십

부여로 쳐들어와 약탈한 후 공주에 이르자 목사 김사혁이 정현에서 싸웠으나 패전하여 공주가 함락되었다.

왜구는 석성(논산)을 침범하고는 태조의 영정을 모신 연산 개태사로 달려들었다. 양광도 원수 박인계가 군사를 이끌고 왜구를 토벌하려고 맞서 싸우다가 말에서 떨어져 연산현 개태사 근처에서 전사했다. 박인계는 본래부터 민심을 얻어 당시 훌륭한 장군이라고 칭찬을 받는데 전사를 당하니 개경과 지방에서는 모두 두려워하며 낙담만 하고 있었다.

결국, 개태사는 왜구가 점령하였으며 남쪽으로 낭산과 풍제 등 금강의 지류인 주변 지역까지 약탈하고 있었다. 당시 개태사는 홍건적의 침입 이후 개경의 봉은사를 대신하여 태조 왕건의 진영을 봉안한 사찰이었다.

이 소식을 들은 최영 장군은 지난해 왜구가 양광도의 연해 주현을 침입했을 때부터 이미 한차례 토벌을 자청한 일이 있었는데, 왜적이 연산현 개태사를 침략했고 원수 박인계의 비보가 전해지자 '내가 아끼던 박인계가 전사했다니, 내가 나서서 적들을 몰살시킬 것이오.' 장군은 중랑장이던 박인계를 수복경성 일등공신으로 직접 추천할 만큼 그의 장수 재능을 아껴왔다.

1376년 6월, 조복을 갈아입고 입궐하려 할 때, 장군의 회갑 잔치를 준비하느라고 분주하던 딸이 뛰어나와 입궐하시지 못하도록 하면서 조심스럽게 물었다.

"아버님, 내일이 바로 아버님 회갑이신데 어인 일로 입궐하시나요."

"아가, 그게 무슨 소리냐? 왜구로 인하여 종묘사직이 위태롭고 수많은 백성이 고통을 받고 있는데 한가롭게 잔치 술이나 마실 수 있겠는가."

가족들의 만류를 뿌리치고 입궐하여 육순 노구의 나이에도 불구하고 직접 양광도의 왜구를 소탕하려고 우왕 앞에서 출정을 자청하였다.

어린 우왕은 판삼사사 최영의 나이를 물어서 만류했다.

"장군이 자청하여 왜구 토벌을 위해 군사를 이끌고 나아가겠다고 함은 그 뜻이 가상하나, 환갑이 된 노장께서 이러한 어려운 일을 어찌 감당하겠소."

하고 허락하지 않았다.

장군은 충심으로 다시 간청했다.

"보잘것없는 왜구들이 이처럼 방자하고 난폭하니 지금 제압하지 않으면 뒤에 반드시 다스리기가 어려울 것입니다. 만약 다른 장수를 보내면 꼭 이길 것이라고 보장할 수 없으며 군사들도 평소에 훈련이 잘되지 않은지라 전투에 투입할 수 없을 것입니다. 신이 비록 늙었으나 종묘사직을 안정시키고 왕실을 보위하려는 뜻은 결코, 쇠퇴하지 않았으니 빨리 휘하의 군사를 거느리고 왜적 놈들을 격퇴하게 허락하여 주소서."라고 하며 자신의 출정에 대한 당위성을 설명했다.

왕이 불허하자 다시 두세 차례 간청했다.

"제게는 홍건적을 함께 물리친 용장들이 있습니다."

어린 왕은 다시 물었다.

"그 용장들이 누굽니까?"

최영이 큰소리로 대답했다.

"선발은 최공철, 타격은 강영, 역전은 박수년입니다. 다들 홍건적을 물리친 용장들입니다."

우왕은 기꺼이 출정을 허락하였다.

"홍건적을 물리친 공신들을 데리고 간다고 하니 고맙고 허락하겠소!"

최영 장군은 양광도 도순문사 최공철, 조전원수 강영, 병마사 박수년 등을 불러들여 지체하지 않고 즉시 부여 홍산으로 출정하였다.

왜적은 부여군 홍산면에 이르러서는 우리 백성들을 마구 죽이고 포로로 잡아 그 세력이 우려할 정도로 강해졌으며 유리한 좁은 험로를 점거하여 웅거하고 있었다.

삼면이 모두 절벽인 험준한 태봉산에 진을 치고 있을 때 만여 명 이상의 왜구들이 홍산벌로 몰려들자, 기세에 눌려 최영 장군의 공격 명령에도 불구하고 군사들이 겁을 먹고 진격하지 못하며 어찌할 바를 몰랐다.

이에, 장군은 사졸들의 선두에 서서 적진을 향해 정예 기병을 총동원하여 날카로운 기세로 돌진하니 적들이 바람 앞의 풀같이 쓰러지고 말았다.

적병 한 명이 수풀 속에 숨었다가 벌떡 일어서서 쏜 화살이 장군의 입술에 맞아 피가 흘렀다. 그러나, 피를 흘리면서도 적을 향해 활을 쏘며 진격하였다.

시위 소리가 튕겨 나가는 소리에 수십 명의 왜적이 비명을 지르며 거꾸러졌다.

한순간 적을 물리치고는 입술에 박힌 화살촉을 뽑았다.

장군이 부상을 당면서도 공격하자 질풍노도와 같은 모습을 본 장수들과 사졸들의 사기가 충전되어 적진을 향하여 박차고 나아가 사투를 벌였다. 순식간에 대파하여 적들은 서천쪽으로 달아났지만 계속 추적하여 거의 죽이거나 사로잡았다.

홍산대첩으로 부여 인근 일대까지 왜구의 피로 산과 하천을 물들었다.

왜놈들은 '백수 최만호가 나오는 싸움터에는 얼씬도 말자, 우리가 바로 죽는 날이다' 할 정도로 몸서리치게 떨며 후퇴하였다.

최영 장군의 위엄과 용맹이 나라 안팎으로 크게 떨쳤으며 홍산대첩은 고려 말 왜구와 싸워 승리한 가장 빛나는 업적이었다.

전투가 끝난 후 판사 박승길을 보내 전승을 보고하자 우왕이 크게 기뻐하며 삼사우사 석문성을 보내 최영 장군에게 의복과 술, 안마를 내려 주었으며 의원 어백평으로 하여금 약을 가지고 가서 군사들의 상처를 치료하게 하였다.

개선하는데 왕은 신하들에게 천수사 뜰에서 사신을 영접하는 예식과 같이 웅장하게 예우하도록 하였고 백성들도 함께 환호했다. 장수들의 가족과 친지들 틈에 최무선과 송부개도 술과 음식을 차려와서 잔치를 벌였다.

궁궐에 들어와 왕을 알현하는 자리에서 왕이 술을 내려 주면서 적병의 숫자를 물었다.

"그 수를 정확하게 알 수 없으나 많지는 않았습니다."

겸손하게 대답했다.

전투공로를 기려 장군에게 시중과 나란한 벼슬인 수시중 관직을 주었으나 굳이 사양하였다. "시중이 되면 자유롭게 지방으로 나갈 수 없으니, 왜구가 평정된 후에 벼슬을 받겠습니다."(爲侍中, 則不可輕出於外, 侍倭寇平, 然後可)

시중 지위를 받으면 중앙에서 어쩌면 편히 지낼 수 있는 관직을 왜구의 침몰이 잦았던 상황에서 지방으로 침범하는 왜구를 진압하러 자유롭게 갈 수 없다는 이유로 왜구를 물리친 후에 받겠다고 사양한 것이다.

9월 홍산전투의 전공을 논하여 장군을 철원부원군(鐵原府院君)에 봉하고 나머지 장수와 군사들에게도 상을 차등 있게 내렸다.

장군의 처조카 유영(유수)은 밀직부사상의에 임명했고, 박수년은 다음해 원수가 되었다.

문무겸전의 장군으로 평가

홍산 전투에 참여한 최영 장군 휘하 군사들은 육순의 나이로 적진을 향해 격파하는 형상의 그림인 '홍산파진도(鴻山破陣圖)'를 그려 왕에게 바쳤다.

우왕은 내시부의 관원인 중관를 통해 목은 이색(牧隱 李穡)으로 하여금 판삼사사 최공의 화상에 대한 찬병서(讚倂書)를 짓도록 분부하였다.

"판삼사사 최영은 짐의 선고(공민왕)를 섬기는 동안 있는 힘을 다하여 의기를 떨치면서 외적의 침입으로부터 우리를 지켜줌으로써 오늘날까지 우리가 행복하게 지낼 수 있게 해 주었으므로 내가 매우 가상하게 여기는 바이다. 휘하 군사들이 홍산에서 그림을 그렸는데 왜적의 진을 격파하는 당시의 상황을 묘사하여 그린 그림이다. 그의 공로를 끝없는 세월 동안 전하여 볼 수 있도록 그대 이색은 여기에 찬양하는 글을 짓도록 하시오."

中官傳旨(중관전지)

若曰 判三司事 崔瑩 事我先考(약왈 판삼사사 최영 사아 선고)

竭力奮義 汗我 外侮克 至于今日休 予 甚嘉之

(갈력분의 한아 외모극 지우금일휴 여 심가지)

今期麾下 圖 鴻山 破陣之狀(금기휘하 도 홍산 파진지상)

將垂示無窮 汝穡基讚之(장수시무궁 여색기찬지)

목은 이색이 판삼사사 최공에 대한 화상찬병서(牧隱 李穡 判三司事 崔公 畫像贊并書)를 올렸다.

"신하 색이 삼가 생각하옵건대 국가에서 문신과 무신을 등용하는 목적은 문신은 복심으로서 원기를 기르게 함이요 무신은 외방에 나아가 용장으로서 외적의 침입을 막게 함이니 천하가 평안하면 재상에게 관심을 두고 천하가 위태로우면 장수에게 관심을 두게 마련이라고 하듯이 천하 사람들이 시대의 안위에 따라서 각각 그 한쪽으로 주의를 하게 되는 것이라고 여겨집니다. 그런데 신하 중에는 전장에 나가서는 장수가 되고 조정에 들어와서는 재상이 될 자격을 갖추어 조정은 그를 의지하여 중하게 되고 변방은 그에게 힘입어 편안하게 하는 문무겸전의 인물이 또한 있는 법입니다. 그리하여 간사하고 교활한 자들도 그의 위엄을 두려워한 나머지 기세가 꺾여 납작 엎드리고 침략자와 도적 떼도 그의 풍도를 듣고는 몸을 움츠린 채 뒤로 물러나게 마련인데 그러한 인물을 오늘날에 찾아본다면 판삼사사가 그중에서도 걸출하다고 해야 할 것입니다. 그동안 크고 작은 87차례의 전투를 치르면서 적의 급소를 치고 허를 찌르는가 하면 어려운 고비를 만날 때마다 기이한 작전을 펼쳐 보이고는 하였습니다. 나이가 육순이 넘었는데도 기운이 더 줄어들질 않고 있으니, 이른바 하늘이 용맹과 지혜를 내려 준 사람이 아니라면 어떻게 이렇게까지 될 수 있겠습니까.

또 삼사의 선대로 말하면, 문장으로 우리 왕국을 보좌하면서 재상의 지위에 오르고 사공거(과거의 시관장)를 맡기도 했는데 그런 분들을 지금도 하나하나 손꼽아 헤아릴 수가 있습니다.

삼사공은 유독 병략을 발휘하여 다사다난한 오늘날에 보기 드문 위대한 공을 세우면서도 이따금 창을 비껴들고 시를 읊는 면모를 보이는 등 그 기개가 한세상을 압도하였습니다.

여기에 또 황금을 돌처럼 보라는 선고의 가르침을 가슴속에 명심하였기 때문에 청백한 절조가 늙어갈수록 더욱 굳어졌으니 삼사공이야말로 문무와 충효를 한 몸에 갖췄다고 말해도 좋을 것입니다. 삼가 생각건대, 전하께서는 선왕의 뜻을 받들어 덕을 숭상하고 공에 보답하며 아주 깨끗하고 밝음과 의지가 강하여 권력이나 금력에 굴하지 아니하는 기질을 격려하고 꽉 막힌 운세를 극복하므로 태평성대를 맞이하게 하셨으니 제일 먼저 삼사공에게 이처럼 지극한 은총을 내리신 것이 당연하다고 하겠습니다. 아, 이 얼마나 아름다운 일입니까. 신하 색은 나 자신도 모르게 손으로 춤추고 발을 구르면서 목소리도 드높이 노래하는 바입니다."라고 찬사를 썼다.

臣稽竊惟 國家之用 文武臣也

(신색절유 국가지용 문무신야)

腹心以養元氣 爪牙以禦外侮

(복심이양원기 조아이어외모)

而天下之人 隋時安危 而注意焉

(이천하지인 수시안위 이주의언)

至於 出將入相 朝廷倚 之爲重

(지어 출장입상 조정의 지위중)

邊鄙賴 之以寧 奸猾畏威 而摧伏 寇盜聞風 而退縮

(변비뢰 지이녕 한활외위 이최복 구도문풍 이퇴축)

求之今日 判三司 尤基 傑然者也 判三司事 卽 尙書令

(구지금일 판삼사 우기 걸연자야 판삼사사 즉 상서령)

自庚寅年以來 禦寇海隅 敵愾河南 定難興王

(자경인년이래 어구해우 적개하남 정난흥왕)

驅僧北鄙 大小戰 八十七次 批亢擣虛 遇險出奇

(구승북비 대소전 팔십칠차 비한도허 우험출기)

而年過六十 氣益不衰 非天賜勇智 何以至此

(이년과육십 기익불쇠 비천사용지 하이지차)

三司之先世 以文章 佐我王國 位宰相 司貢擧

(삼사지선세 이문장 좌아왕국 위재상 사공거)

歷歷可數 而三司公 獨用兵略

(력력가수 이삼사공 독용병략)

當艱難多 故之日 立雄偉 不常之功

(당간난다 고지일 입웅위 불상지공)

往往橫槊賦詩 氣蓋一世

(왕왕횡삭부시 기개일세)

又以先考 見黃金如石塊 之訓 銘之于心

(우이선고 견황금여석괴 지훈 명지우심)

故基 淸白之操老 而益堅

(고기 청백지조노 이익견)

三司公 文武忠孝 可謂兼之矣

(삼사공 문무충효 가위겸지의)

恭惟 聖上殿下適追 先志 崇德報功 激礪精明

(공유 성상전하적추 선지 숭덕보공 격려정명)

剛毅之氣 以濟否運 以迓太平

(강의지기 이제부운 이아태평)

宜三司公 之膺光寵 如此基至也

(의삼사공 지응광총 여차기지야)

猗與休哉 臣穡不知 手無之 足之蹈 之長言之

(의여휴재 신색부지 족지도 지장언지)

목은 이색은 판삼사사 최상국의 위용을 글로도 고했다.

基詞日 (기사왈)

그것을 글로 고하여 말하면

有烈威聲 惟剛惟明 (유렬위성 유강유명)

빛나도다 위엄 떨친 명성이 오직 굳세고 명철했기 때문일세

海盜震怖 國之干城 (해도진포 국지간성)

고려 명장 최영 장군의 리더십

바다의 왜구가 떨며 두려워하니 나라의 간성이 틀림없도다

土豪屛縮 民之司平 (토호병축 민지사평)

지방 호족 움츠리고 숨었나니 백성을 보호하여 평화롭게 살았네

受封開府 惟仕之膴 (수봉개부 유사지무)

관청의 장부를 열어 관원들에게 녹봉을 주었으며 오직 벼슬만 하여
후한 녹봉을 받지 않았도다.

惟公之心 心于乃父 (유공지심 심우내부)

생각건대 공은 항상 마음속으로 선고의 가르침을 명심했는지라

惟氷之淸 惟蘗之苦 (유빙지청 유벽지고)

오직 얼음처럼 청백하였고 소태처럼 쓴맛도 달게 여겼네

峨峨鴻山 鼓勇陣間 (아아홍산 고용진간)

위대하여라 홍산의 그 전공이여 적진을 누비면서 용맹을 고취하였나니

英姿颯爽 氣振區寰 (영자풍상 기진구환)

영걸스러운 그 풍채 기운 일으키며 기개가 온 누리를 뒤덮었도다

圖形惟肖 以聳瞻觀 (도형유초 이 용담관)

오직 초상과 같은 모형의 그림이여 높이 솟음으로써 우러러보는구나

惟古有語 德輶鮮擧 (유고유어 덕유선거)

예로부터 노랫말이 전해오니 덕은 가벼운데 드는 사람 드물다고

擧之惟公 非公誰歟 (거지유공 비공유여)

크게 거행하는 것은 오직 공뿐이요 공이 아니면 누가 그런 것을 하랴

庶幾康强 (서기강강)

백성이 모두가 편안하고 강건하구나

在我王所 (재아왕소)

우리 임금님 곁에 머물러 살펴 주시기를

뿐만, 아니라 목은 이색은 목은 시고 11권을 통해 최판삼사사가 왜적과 싸워 격퇴한 축하의 詩를 짓기도 했다.

鯨波萬里 振威風 (경파만리 진위풍)
고래(최영장군)가 갈 때에는 만리까지 그 위풍을 떨치고
雪鬢霜髯 兩頰紅(설빈상이 양협홍)
많은 머리털과 귀밑털까지 하얗게 세었는데도 양 뺨은 붉으네
更喜一朝 安社稷(경희일조 안사직))
전쟁에 승리하여 세상이 편안하니 하루아침에 기쁨으로 다시 맞이하니
大山功上 大山功(대산공상 대산공)
그 공로는 산꼭대기같이 높고 큰 산같이 공이 크구나

대학자인 목은 이색은 최영 장군에 대하여 '전장에 나가서는 용감한 장수가 되고 조정에 들어와서는 훌륭한 재상이 되는 자격을 갖추었으므로 조정은 그를 의지하여 중하게 여기므로 변방의 백성들은 그에게 힘을 입어 편안하게 살 수 있는 문무겸전(文武兼全)의 장군'이라고 평가하였다.

홍산전투에서 환갑잔치를 성대하게 베푼 격이 된 장군의 태산같은 전투공로가 나라의 위기를 몰아내고 백성을 편안하게 살도록 한 고려의 명장이었다.

고려 명장 최영 장군의 리더십

고려 명장

최영 장군의 리더십

제3장

/

요동 정벌(遼東 征伐) 출정

승천부 전투 전공 안사공신 칭호

　1377년 2월, 왜구가 홍성과 천안을 침범하고 곧바로 평택현으로 들어오니 양광도 부원수가 싸웠으나 승리하지 못하고 거듭하여 패배하였다. 야밤을 틈타 강화도 착량으로 침투하여 우리 전함 50여 척을 불태우니 바닷가는 낮같이 밝았으며 백성들은 많은 고통을 입었다.

　착량에 이어 강화도를 침범하고는 서강, 해주, 평주까지도 침범하여 약탈을 일삼아 개경이 크게 소란에 떨었다. 온 나라가 진동하여 종묘사직의 운명이 절박하다는 소동이 일자 전국 각지에 소집령을 내려 군사를 모집하였다. 우왕은 전 군에 명령을 내려 동강, 서강에 진을 치게 하고는 궁문에는 위병을 배치해 적들의 침입을 대비토록 하고는 방리군을 징발하여 성 위에 올라가서 망을 보게 했다.

　왜적은 강화도 착량에 이어 군사력을 총동원하여 대규모로 해풍군 승천부에 침입하고는 계속 개경으로 침범하겠노라고 으름장을 주며 떠들어댔다.

최영 장군을 육도도통사와 판중방사를 겸직하면서 제병군의 도독으로 삼고 찬성사 양백연을 부도독으로 삼았다. 장군은 모든 군사를 총지휘하여 해풍군 근처에서 진영을 치고는 장수와 군졸을 모아놓고는 비장한 결의를 다짐하면서 명령했다.

"고려 사직의 존망은 이 한 번의 싸움에 달려 있으니, 장수와 병사들은 각자 맡은 임무에 온 힘을 다하여 싸워야 할 것이다."

그러면서, 양백연에게 지도를 펼쳐 보이며 작전 지시를 세밀하게 하달하였다.

"저들은 대장기를 보고 나를 향해 집중적으로 공격할 것이다. 나는 싸우다 달아나는 척하며 후퇴하면서 적들을 내륙 깊숙이 유인할 테니 그대는 모든 기마에 재갈을 물리고 산기슭에서 매복하고 있다가 나의 신호에 맞춰서 갑자기 나와 함께 공격하시오. 그때를 이용하여 우리 중군은 돌아서서 포위하여 공격할 것이오."

양백연이 결연히 대답했다.

"지시대로 따르겠습니다."

조전원수 성석린에게도 지시했다.

"승패는 이 좁은 다리에서 결정지어야 하네. 중군이 이 다리를 건너면 즉시 다리를 막고 전투를 시작하시오." 이러한 작전은 지난해 2월부터 승천부에서 숙영하면서 방어 진지를 구축하고 작전을 미리 짜두었던 것이었다. 과연 적들은 중군을 집중적으로 공격하니 최영 장군은 싸우다가 거리를 두어 짐짓 피하면서 퇴각했다.

왜구의 장수가 큰소리를 질렀다. "별것 없다. 백수 최만호도 기습전을 대비하지 못했을 것이다. 곧바로 개경까지 진격한다."

중군이 다리를 지나가자, 성석린이 다리 위에 목책을 세우고 그 앞에 큰 돌로 쌓았다. 강둑 아래에 군사를 매복시키고 자신은 준비를 마친 장수들과 다리 앞에서 말을 타고 기다리다 기수들에게 기를 흔들어 신호를 보냈다.

산기슭에서 대기하다 신호를 본 양백연이 먼저 정예 기마병을 거느리고 곧바로 나아가 왜구의 보병을 마구 참살하고 뒤를 끊어 버렸다. 약속한 대로 북을 쳐서 신호를 보내니 여러 산기슭에 매복하고 있던 군사들이 일제히 화살을 쏘며 협공해 적을 대파했다.

"어이쿠! 최만호의 매복에 당했다."

앞과 뒤로 포위된 적들이 쓰러지는 것을 본 최영 장군은 휘하 군사를 이끌고 측면에서 공격하여 적을 거의 다 섬멸했다.

연안에 정박한 배에서 기다리던 왜구의 무리는 야밤을 타고 도망쳐 달아났다. 밤새 도성에는 장군이 패배했다는 소문이 들리며 인심이 술렁거리기 시작했다. 백성들은 피난 갈 곳을 알지 못하고 우왕좌왕, 갈팡질팡하고 있었다.

왕이 피난을 떠나려 하자, 경복흥과 이인임은 이를 말렸다.

"전하, 아직은 떠나서는 아니 됩니다."

"곧 승전보가 도달할 것입니다."

그러나 다른 백관들은 행장을 꾸린 채 궁문에 겹겹이 모여 왕이 출궁하기를 기다렸다.

낙조가 외성에 비칠 때 최영 장군이 보낸 두 사람의 전령이 승전 깃발을 휘저으며 선의문 앞으로 들이닥쳤다. 성문이 열리니 크게 소리 지르며 성문 안을 지나 십자대로를 따라 황궁으로 달려갔다.

송부개가 시전의 문을 닫다가 그를 보고 물었다.

"어찌 되었소?"

"대승이오!", "대승이오!"

"모조리 참살하였소!"

전령이 왕에게 승천부에서 승전했으며 왜놈들은 패주했다고 보고하자 비로소 기뻐하며 개경의 계엄을 풀었다. 광화문 앞에 모여 있던 백관들은 모두 반갑게 하례했고 백성들은 춤추고 노래를 부르며 기뻐 날뛰었다.

조정에서는 최영 장군의 전공을 기려 일등공신인 안사공신(安社 功臣)의 칭호를 내렸다.

최무선의 화통도감 설치

최무선은 최영 장군을 만난 이후 격려에 힘입어 예성강변에 상점을 낸 뒤로 여러 해 동안 한족어를 배우니 유창하게 구사할 수 있게 되었으며 아라비아 상인 술탄의 도움으로 외국 상인들과 활발한 교역을 통해 재산을 차곡차곡 모을 수가 있었다.

벽란도 해안에서 몽골인들이 터뜨리는 불꽃놀이를 보고는 왜구를 막는 데는 화포만 한 것이 없다고 생각하고는 화약 제조법 연구에 골몰하고 있었다.

조정 회의에서 장군은 최무선이 화약 제조법을 연구하는 일에 대하여 세밀히 설명하고는 적극적으로 지원해야 한다는 의견을 피력하였고 참석자들은 이구동성으로 지원할 수 있도록 찬성했다.

최무선을 불러 조정에서 논의된 내용을 전해주며 화약 제조법 연구를 격려했다.

"아우가 화약을 만들어야 고려인의 꿈을 이룰 수가 있네. 아무쪼록 성공해야 하네."

최무선은 개인적으로 관심을 가지고 연구하던 것을 조정에서 논의했다니 참으로 다행이라고 생각하며 최영 형님에게 꼭 성공하겠다고 다짐하였다.

명나라 상인 이원이라는 사람을 만나 지극 정성과 집념으로 설득하여 초석(硝石, 질산칼륨)을 흙에서 추출하는 방법을 배울 수 있게 되었다. 이원은 원래 원나라 군사로 고우성 전투 때에 화포를 쏜 화포의 장으로 활약했었는데 장사성 군대가 패하고 해산되자 양주 항로 선단 소속의 무역상으로 고려를 왕래하게 되어 최무선을 만나고 있었다.

그는 고우성 전투에서 본 고려의 장수 최영을 기억하고 있었는데 관복을 입은 최영 장군이 찾아와 서로 인사를 나누었다.

"내 아우가 하는 일을 좀 도와주시오."

묵직하게 말하면서 이원의 손을 잡고 격려하였다.

이원은 최무선이 최영 장군과 의형제라는 것을 알고는 '항적연소화공서'라는 책을 내밀었다. 그리고 직접 흙으로부터 염초를 추출하는 방법을 가르쳐 주기도 하여 많은 실험을 거쳐 드디어 폭약 제조에 성공하였다.

1375년 봄날, 최무선은 최영 장군에게 성공했음을 보고하고는 조정의 대신들과 장수들을 초대하여 폭약의 성능을 시연해 보였다. 여러 해를 두고 노력하여 마침내 성의가 감동되어 조정의 정식 기구인 군기사 소속 화약국을 설치하여 마침내 화약과 화포를 제조토록 했다.

1377년 10월, 최영 장군이 상소를 올렸다.

"전하, 강화도나 승천부까지 침범하는 왜적을 손쉽게 격퇴하려면 화포가 있어야 합니다."

화포를 만들고 각종 화약을 이용한 무기를 연구하는 화통도감의 설치를 건의하니 흔쾌히 우왕은 화통도감의 설치를 허락하였다.

드디어 최무선을 화통도감 제조로 임명되었다.

최무선은 화약의 성능을 높이는 동시에 화통 같은 총포류를 개발하고 화전을 이용하여 발사용 화기, 주화살 등 각종 화기를 제조했다.

주화살은 특별히 제작한 크기의 화살에 화통을 묶어서 심지에 불을 붙여 쏘면 화통의 화약이 발화하면서 가스를 분출하여 생기는 힘으로 더 멀리 날아갔다.

주화살을 송부개가 만들어 내었다.

찬성사 목인길, 판밀직 조인벽은 수군을 지휘해 화포를 쏘면서 수전을 훈련하였다.

최무선이 만든 첫 화포 두 문을 전함에 싣고 모의 적선을 향해 시험 발사를 했다. 포탄이 모의 적선을 향해 날아가 '펑' 소리를 내며 터지니 배의 한 쪽이 부서지며 선체가 기우뚱거렸다.

"장관이로다! 장관이야!"

목인길이 모의 적선이 바닷속으로 침몰하는 순간까지 눈을 떼지 않고 박수를 쳤다.

"대감, 화포의 위력이 참으로 대단합니다."

조인벽이 목인길을 바라보며 감탄했다.

최무선은 기백이 넘치는 목소리로 말했다.

"대감, 이번에는 적이 우리 배에 붙여 근접전을 벌이기도 전에 먼저 공격하여 적을 사살하거나 배를 태워버리는 신무기 주화입니다. 보시죠."

"발사!"

궁수 일백 명이 일제히 도화선에 불을 붙여 주화를 쏘니 화상에 달린 화통의 꽁무니에 불을 뿜으며 하늘을 달려 적선에 꽂혀서 터졌다. 위력에 모두 감탄하였다.

"실로 대단한 위력이로다!"

현장에서 지켜보던 사람들은 모두 놀라서 박수로 환호했다.

"300보 이상을 너끈히 날아갑니다."라고 자랑했다.

목인길과 조인벽은 곧장 말을 타고 급히 달려 도당에서 최무선의 시험 발사 성과를 자세히 보고했다. 도당에서는 목인길에게 주상께 직접 보고하도록 했다.

"이제 화살로 적을 살상하는 시대가 가고, 신무기인 주화와 화포를 사용하는 시대가 왔습니다."

최영 장군은 목인길의 보고를 받은 후, 최무선을 불렀다.

최무선이 판삼사사 집무실에 들어오자 뜨겁게 맞이했다.

"온 나라가 경축할 일이네!"

최무선이 고개를 숙이며 답례했다.

"모두 판삼사사님의 공입니다. 형님 고맙습니다."

"그럴 리가, 이것은 다 온 나라 백성들이 바라던 것이 아닌가. 자네의 집념으로 모두 이루어졌네."

"선대왕께서 살아계셨으면 크게 기뻐하셨을 텐데…."

순간 두 사람의 가슴이 먹먹해졌다.

"꿈의 크기가 남다른 분이셨어."

"이제부터는 화통도감의 경비를 철저히 하고 외부인에게 절대 비밀로 해야 하네."

"비밀을 유지하려면 별도의 부대가 필요합니다."

"당연하지, 곧 화포를 실을 수 있는 별도의 전함 건조도 속도를 내게 하겠네."

대장군포, 이장군포, 삼장군포, 육화석포, 화포, 신포, 화통, 화전, 철령전, 피령전, 질려포, 철탄자, 천산오룡전, 유화, 주화, 촉천화 등 최무선은 크기별로 종류별로 화약을 사용하는 여러 가지 신무기를 발명해 냈다. 질려포(蒺藜砲)는 고려 말 최무선이 처음으로 만들었다.

화포나 화기를 적재할 수 있는 전함을 건조하고 화기를 이용하여 훈련하는 화력 발사 전문부대인 화통방사군을 편성하여 개경과 각 지방의 시에 배치했는데 대시는 3명, 중시는 2명, 소시는 1명씩 두었다.

장군의 백전백승 전투 진포대첩

1380년 4월, 최영 장군은 육도도통사에서 해도도통사를 겸하게 되자, 왕에게 실제의 사정을 토로했다.

"제가 맡은 일이 많은데 지금 또 해도도통사까지 임명되니 직무를 제대로 감당하지 못할까 염려스럽습니다. 전함도 겨우 수백여 척이고 수비병도 겨우 삼천여 명에 불과한 형편입니다."

이에 우왕은 할머니 명덕태후의 유언이 언뜻 생각나서 재차 당부했다. "왜적을 방어하는 일이 급하므로 부득이 경에게 겸임하게 했으니 군이 사양하지 마시오. 제발 경은 삼천여 명으로 일당백이되게끔 힘써 주시오."

최영 장군은 장수들과 함께 동강과 서강에 나아가 진영을 치고 왜적의 침투에 해안을 방비하고 있었는데, 마침 장군은 온몸이 힘들어 병이 들게 되자 장수들은 위중하다고 걱정했다.

"장군은 군사들을 거느리고 이미 전장에 나온 터에 어찌 병을 염려하겠는가."

의원이 올리는 약도 물리치면서 말했다.

"나는 이미 늙은 데다 생사는 다 운명에 달려 있는데 무엇을 하러 약을 먹으면서까지 살려고 하겠는가?"

때마침, 명나라에서 세공인 금은과 말, 그리고 세마포를 바치라고 독촉해 오니 이에 최영 장군은 주청했다.

"지금 백성들의 변고가 잦아 생업에 힘을 쏟을 수 없는데 백성들에게 삼베를 내게 한다면 그 폐해가 이루 헤아릴 수 없을 것입니다. 명의 요구가 끝이 없으니, 사신을 보내 액수와 시간을 줄일 것을 요청하시지요."

장군은 백성을 생각하는 마음이 유난히도 유별했으며 우왕은 최영 장군을 존경하는 것이 남달라 사신을 보내기로 했다.

5월, 왜구들은 진포 상륙을 위해 미리 군선 이백여 척이 결성과 홍주에 침투했다는 보고가 올라왔다.

왜구를 제대로 막아내지 못한 책임을 물어 전라도 조전원수 최공철과 양광도 도순문사 안익을 장형에 처한 후 유배를 보내고 그들 휘하의 각 도진무 두명에게도 유배를 보냈다.

왕은 서강에서 진을 치고 있는 최영을 개경으로 불러드려 술을 내리고는 왜적 침구를 대비하는 계책을 의논했다.

8월, 왜구는 500여 척의 군선을 이끌고 금강 하류인 진포를 거점으로 내륙까지 깊숙이 침입하였다.

대선단을 거느리고 약탈한 곡식들을 함선에 적재할 때 흔들리지 않도록 큰 밧줄로 배들을 서로 잡아매고 일부 병력을 남겨둔 채 육지를 돌아다니며 곡식을 비롯한 재물을 약탈하기 시작하였다.

진포는 조수가 금강으로 들어오는 초입까지만 격전지로 보지 않고 그보다 더 거슬러 올라간 지역까지였다.

도당에서는 윤환이 침통한 표정을 지으며 말했다.

"적선의 수가 500여 척이라면 그 군사가 2만 5천여 명은 족히 될 것이며 적어도 1만여 명 이상은 상륙했을 것이니 삼도의 백성은 적에게 수난을 겪게 될 것입니다."

이인임이 나섰다.

"고려의 명운은 이 한 싸움에 달려 있으니 특별한 대책을 내려야 합니다."

최영 장군이 주장했다.

"먼저 수군을 보내어 배를 깨뜨리게 하고, 곧바로 군사를 징집해서 적을 추격해야 합니다."

"아울러 파발을 보내 경상도와 전라도 원수들이 힘을 모아 중앙 지원군이 도착할 때까지 적을 일정한 지역에 묶어 두어야 합니다."

곧바로 우왕은 결정했다.

"이번 왜적 토벌군을 위한 전권은 해도도통사 겸 판삼사사인 최영 장군에게 일임합니다."

이인임이 아뢰었다.

"판삼사사가 지금 병중이면서도 직접 출정하려고 하니 그것만은 명하지 마십시오."

윤환도 말했다.

"나라가 위태로울수록 전략과 전술을 세울 명장이 도성에 남아 있어야 합니다."

왕이 받아들였다.

"모든 군사적 권한은 해도도통사가 갖되 다만 도당에서 지휘하도록 하시오."

잠시 후에 몸이 편찮은 최영 장군은 해도 상원수 나세, 도원수 심덕부, 부원수 최무선을 임명하고 명령했다.

"최무선이 설계한 100여 척의 전함과 역시 최무선이 제조한 우리나라 최초의 화약 병기인 화통, 화포, 화전을 갖추고 지휘해 왜적을 추격하여 나포토록 하라."

판삼사사의 집무실에 출정 인사차 찾아왔다.

상원수 나세가 도통사에게 물었다.

"이번 작전은 오차포 전투처럼 치러야 합니까?"

"그때와는 다르네. 그때는 육지에서 바다를 향해 기습전을 벌였었고, 지금은 반대로 왜적이 이미 상륙했다고 하니 화포로 포격해서 적들의 배를 모조리 파선시켜야 하네."

도원수 심덕부가 지도의 백강(금강)을 지휘봉으로 가리키며 의견을 내면서 도통사에게 다시 물었다.

"그럼 백강 전투처럼 치러야 합니까?"

"반드시 백강 전투 때처럼 강에서 서로 엉켜 싸워서는 아니 되니 명심들 하길 바라네."

부원수 최무선은 자기의 임무가 중대함을 몸소 느끼면서 의연하게 대처하겠다고 다짐했다.

고려 명장 최영 장군의 리더십

"기습전을 벌여서 화포로 적을 제압하겠습니다. 돌아갈 왜적의 배를 단 한 척도 남기지 않고 모두 다 침몰시키겠습니다."

최영 장군은 고개를 저었다.

"우리 전함이 많이 부족하니 다 부술 것까진 없네. 빈 배라면 나포해도 좋을 것이야."

이어, 도통사는 작전 계획을 하달하였다.

"먼저 예성강 이남의 수참을 모두 봉쇄해서 출입을 엄격히 통제하고 부근 포구의 백성들은 모두 피난을 보내도록 파발을 띄워라. 이미 도적들이 육지로 내려 노략질을 시작하였으되 오백여 척이라는 대규모로 침범해 온 만큼 그 병력의 수도 많을 테니 분명 육지로 말을 타고 내달을 것이다. 수군은 그들의 선박을 모두 격침하여 퇴로를 차단하는 것이 주된 임무이니 정탐을 세밀하게 하여 왜구들이 육지 깊숙이 이동했을 때를 노려서 공격해야 할 것이다. 육지에서는 배극렴 군사들이 저들을 전멸시킬 것이다. 별도로 이성계, 변안렬 이하 주력군을 후원군으로 보낼 것이니 진포에서 승전이 무엇보다 중요하다."

출정 당일 벽란도에는 출정하는 군사들을 배웅하기 위해 그야말로 인산인해를 이루고 있었다.

함선 일백여 척이 강을 메우고 항구에는 수군 삼천여 명이 집결하고 있었고 그 가족들 그리고 짐꾼과 구경꾼들이 운집하여 뒤엉켰다. 짐꾼들은 일사불란하게 군수물자를 갑판으로 실어 나르고 군사들은 배의 깃발에 새긴 숫자를 보고 각자 자기가 탈 배 앞에 백 명씩 나누어 섰다. 각 지휘관이 인원 점검을 마치고는 모두가 승선 명령을 기다리고 있었다.

항구 입구에서 큰 소리가 들렸다.

"여러분, 모두 길을 비키시오."

최무선의 자신에 찬 목소리였다. 말을 타고 장수 복장을 한 모습은 늠름하고 기상이 넘쳤다.

그 뒤로 최칠석이 이끄는 화포방사군의 군사들이 소달구지 12량을 이끌고 줄을 지어 뒤따라오고 있었다. 화통도감에 근무하는 화포장 33명 중 24명이 이번 전투에 선발되었다.

소달구지 1량마다 포 2문과 포탄 상자 4개씩 실려 있었다. 총포 24문, 포탄 상자 48개였다. 그리고 화전 수만 발이 다른 달구지에 실려 왔다.

최무선이 지시하는 대로 포병들이 달구지에서 포와 상자를 일사불란하게 내려서 표식한 배에 옮겨 실었다.

출정에 배웅하려고 나왔던 우왕 이하 대관들과 연도의 백성들이 그 신기한 무기를 보고는 다 같이 만세를 불렀다. 최무선은 온몸에 전율이 오는 것을 느꼈다.

장내가 정리되자 이내 상원수 나세가 왕과 최영 장군에게 출정 신고를 했다.

고려 명장 최영 장군의 리더십

"승선!"

상원수 나세가 지휘 총채를 들어 명령을 내렸다.

항구에 가득 찬 사람들이 무운을 빌며 손을 흔들었다. 전함 백여 척으로 왜적 오백여 척이 진을 치고 있는 진포를 향해서 일제히 출항했다.

부원수 최무선의 부인은 만삭의 몸으로 멀어져 가는 돛대를 향해 손을 흔들었다. 최무선이 탄 군선이 서해를 항진하여 배가 파도에 잠겨서 가물가물 보이지 않을 때까지 바다를 바라보면서 살아서 돌아오기를 빌었다. 이 해 복덩이 아들 최해산이 태어났다.

폭풍전야의 밤바다는 바람에 잔잔하고 등불이 밝힌 섬으로 비추는 반달은 구름 위에서 출렁거렸다.

화통방사군의 지휘관 최칠석은 잠을 못 이루고 다시 한번 전선을 오르내리며 화포와 화약을 점검하고는 화전을 각각 전선별로 골고루 분배되었는지 재차 확인하였다.

새벽녘에 1함대 중 선봉 10여 척이 먼저 서풍을 받아 금강의 흙탕물이 시커먼 바닷물에 섞이는 강 끝자락에 도착했다.

하구에 다다른 고려 토벌군 함선 1진을 보고 왜구는 전함의 수가 자기들보다 크게 열세하다는 것을 알고는 망설임 없이 먼저 공격해 왔다.

"원수가 빨리 와서 공격 명령을 내려야 하는데…"

"장군, 걱정하지 마십시오. 우리 화통방사군에 예성강에서 날고 기는 뱃사공 출신이 많듯이 제2함대에는 군산도의 뱃길을 가장 잘 아는 이곳 뱃놈 출신 군관이 있으니 곧 도착할 것입니다."

최칠석의 말이 끝나기 전에 나세가 이끄는 제2함대가 너른 앞바다에 들이닥쳤다.

"왜적의 배들이 아무리 많아도 한꺼번에 이 포구로 다 빠져나와 도망치지 못합니다."

"함선들을 전개하여 포구를 둘러막고 포선이 강 북안으로 일자로 전진하며 대형을 갖추어 일제히 포문을 열어 포격해서 왜놈들을 일시에 궤멸시켜 버려야 합니다."

고려 수군은 하구를 넓게 삼중 사중으로 겹겹이 포위한 채로 적의 통로를 완전히 차단해 버렸다.

심덕부가 나세에게 말했다.

"원수, 밀물 때요. 이제야 화포를 선보일 때가 되었소. 오늘이야 말로 고려의 역사적인 날로 기록될 거요. 총공격을 명령하시지요."

곧바로 나세는 최무선에게 공격을 지시했다.

"자, 최 원수의 꿈을 이룰 때가 왔소. 먼저 포선을 열어 단숨에 적선을 격파하시오."

부원수 최무선이 붉은 깃발을 높이 들어 흔들고 큰 북을 치며 공격 신호를 보냈다.

"화포, 화전을 쏴라."

각자 맡은 적선의 돛대를 향해서 오백여 발이 심지에 불꽃을 뿜으며 날아간 화전이 선루에 박힌 뒤에 곧바로 터졌다. 동시에 불똥이 사방으로 튀며 불꽃이 일어났다.

왜적들이 놀라서 불을 끄느라 대응하지 못하였다.

"갑판과 선미를 향해 각각 화전을 일천 발을 쏴라."

화전이 날아와서 터지는 반대 방향으로 우왕좌왕 피하기 급급한 왜구들은 불붙은 배에서 방어하는 것만 급급했다.

원수 최무선이 다시 호령을 내렸다.

"칠석아, 저 벌레 같은 도적놈들이 꿈틀거리지 못하게 아예 배를 부숴버려라."

"화포를 쏴라!"

밧줄로 서로 묶여 있는 적함을 향해 일제히 화전과 화통, 화포를 사용해 집중 사격을 퍼부었다. 적선은 누각과 갑판이 산산이 부서지고 삽시간에 연기와 화염이 하늘에 넘쳤다. 화공을 통해 적선 오백여 척을 모조리 파괴하고는 왜구들에게 붙잡혀 있던 삼백삼십여 명의 고려 백성을 구출하였다.

진포해전은 고려군이 자체 제작한 화기로 거둔 승리였고, 군선에 화포를 장착하여 최초로 함포 공격이 감행된 해상전투이었기에 새로운 전기가 되었다.

왜적의 일부는 상주와 선산, 금산 쪽으로 달아났다. 특히 상주 쪽으로 달아난 주력 부대는 다시 서남쪽으로 방향을 틀어 구월에는 남원산성을 공격해 왔으나 남원 운봉면 황산에서 병마도원수 이성계 등이 왜구를 완전히 격파하였다.

진포해전에서 승리한 것은 고려가 고우성 원정 당시 원의 군사가 화포를 사용하는 것을 목격한 최영 장군과 외침 격퇴를 위해 독자적인 화약 발명과 제조에 노력을 기울인 최무선이라는 인물이 있었기에 가능했다.

전함이 벽란도에 귀향하려고 하자 최영 장군은 명령을 내려 최무선의 화포를 실은 배를 적에게 노출되지 않게 하려고 동강으로 귀향시켜 은밀하게 정박하도록 조치하였다.

도통사 최영 장군은 수군과 육군을 지휘 통솔하여 진포와 운봉 등지에서 왜적을 섬멸한 시대의 탁월한 영웅이고 100번째 승전이었다. 진무가 승전보를 우왕에게 보고하자 크게 기뻐하며 도통사에게 영아례를 베풀어 개선하는 수군을 천수사 환영식장에서 영접하도록 했다.

도통사 최영 장군은 개선하는 부원수 최무선 손을 잡고 눈물을 흘리면서 치하했다.

"바다를 제패한 공이 이 한 번의 싸움에 있었으니, 자네가 아

니었으면 누가 화약과 화포를 발명하여 나라를 구할 수 있었겠는
가.”

최무선의 뺨으로는 그동안의 고생한 편린들이 주마등처럼 떠올
라 감격을 이기지 못하여 눈물이 흘러내렸다.

“모든 것이 도통사 형님의 지도편달 덕분입니다. 더욱 화포를 개
량하여 왜구들이 바다로 출몰하는 곳마다 더 강력한 화포로 물리
치겠습니다.”

진포해전 이후에도 왜군은 지속하여 많은 군선을 이끌고 남해
관음포 등지로 침투를 시도해 왔으나 화포의 위력에 또다시 괴멸
되었다.

최무선에게는 순성익찬공신으로 광정대부문하부사에 제수되었
다.

우왕은 최영 장군이 편찮은 몸을 이끌고 승리로 이끈 전공을
총망라하여 공신으로 책봉하고 철권(鐵券)을 하사하면서 교서를 내
렸다. “과거 주나라의 무왕은 즉위하자 먼저 공신들의 공로에 보
답하는 법전을 반포하였으며 공로를 평가해 상을 내릴 때는 중한
상을 주는 쪽으로 결정을 내렸기 때문에 요순의 치적에 후대가 감
히 미치지 못하게 된 것이다. 경은 나의 선조부터 대대로 왕실을
섬겨온 집안 출신으로 우리 조정의 선왕들을 섬기어 문장과 정사
에서 모두 볼만한 업적을 남겼다. 경의 고상하고 밝은 자질과 강
건한 기세는 당대의 으뜸이 되어 전열을 빛나게 하였으므로 그 무

공은 견줄 사람이 없을 정도이다. 경인년(1350년) 이래 바다와 육지에서 적들을 막아내면서부터 지혜와 용맹이 온 나라에 떨치기 시작했으니, 나의 부왕께서 경을 선발하여 시위로 임명한 후 나날이 가까이하고 믿음이 남보다 뛰어나서 호군으로 삼았다. 뒤에 역적 조일신이 난을 일으키자, 경이 제압하여 공을 세웠다. 원나라 임금이 선친에게 조서를 내려 용사를 모집하니 경이 위로 선친의 마음을 살펴 고우지방의 장강과 회안 사이에서 혈전을 벌여 이름을 중국에 알리고 국가의 위신을 현양했다. 홍건적이 서쪽 국경으로 난입했을 때, 경은 선봉이 되어 승리를 거두고 공로를 세웠으며, 또한 장수들과 함께 개경을 수복하여 사직을 다시 안정시켰다. 부왕께서 흥왕사를 행궁으로 삼으니 역적 김용이 몰래 김수를 시켜 밤중에 행궁으로 쳐들어와 신하들을 살해하였는데, 경이 몸을 돌보지 않고 충성을 떨쳐 흉악한 무리를 모조리 제거했다. 역적 최유가 원 천자에게 무고해 덕흥군을 받들고 선친을 폐위하여 군사를 거느리고 국경으로 들어오니 경이 명을 받들고 가서 여러 장졸을 총지휘하여 싸워 이기어서 큰 전공을 세웠도다. 탐라에서 목호의 두목 합적이 관리를 죽이고 반란을 일으키자, 경은 명령을 받들고 탐라를 정벌하여 적의 괴수를 섬멸했으며 백성들의 인명과 재산을 철저히 보호함으로써 백성을 안도시켰다. 내가 즉위한 이후 왜적들이 더욱 창궐해 백성들의 고통이 전보다 더욱 심해졌다. 이에 경은 몸소 토벌에 앞장서 적에게 나아가 적을 홍산에서 격파하고 서해에서 적선을 불태워 적들의 기세를 꺾고 위세를

고려 명장 최영 장군의 리더십

떨치니, 진군하는 곳에는 감히 아무도 대적하지 못했다. 승천부는 개경과 지척이라 그곳에서 전투가 벌어지자, 나라의 안위가 백척간두에 직면하게 되었다. 이때 경은 군사들을 총지휘하여 적이 비록 해안에 내렸으나 걸음을 내딛자마자 곧바로 무너뜨리니 성안이 안정을 찾아 적이 침투했는지도 몰랐다. 양백연과 홍중선이 몰래 파당을 맺고 모의하여 사직을 위태롭게 하려고 하였는데 경이 의로움을 떨쳐 역적 무리를 소탕하였으니 그 공로의 중요함을 말로 다 할 수 있겠는가? 지금 장수들 가운데 전투를 많이 하고 공로가 큰 사람을 살펴보니 오직 경 한 사람뿐이다. 더구나 충성을 다하고 의로움을 떨쳐서 임금을 존중하며 백성을 보호하였으니 재상들 가운데 참된 재상이로다. 상으로 토지와 노비를 하사하는 것이 통례지만 하늘에서 부여받은 경의 청백한 성품으로 굳이 사양하여 받지 아니할 것이 분명하므로, 단지 철권만 하사하고 옥으로 굴대를 만들어 남다른 대접을 표하노라. 아아! 공로는 크나 상이 미약하여 내가 실로 계면쩍게 여기노라. 경이 혹시 죄를 범하더라도 비록 아홉 번까지는 끝내 벌하지 않을 것이고, 열 번째라도 역시 마땅히 감할 것이다. 자손들 역시 이와 같을 것이니 후대의 임금과 신하들은 나의 뜻을 숭상하며 받들지어다."

위민사상으로 정사(政事) 펼침

───────◇◇◇───────

　1381년 2월, 최영 장군은 수시중(守侍中)에 임명된 이후 무인으로서가 아닌 조정의 대신으로서 백성의 안위를 걱정하고 편안한 생활을 할 수 있도록 도와주는 강한 신념을 갖고 위민사상으로 정사를 펼치면서 우왕에게도 서슴없이 직간(直諫)하였다.

　우왕은 진포해전 이듬해 장군 부모님에게도 '공은 사욕이 없이 순수한 충성을 다하였으며 바르게 남을 도우며 청렴하고 검소하면서 좋은 일을 보필하고 남을 도우며 올바른 곳으로 인도한 공신'이므로 아버지에게 문산계 품계로 순충아량염검보세익찬공신 벽상 삼한삼중대광(純忠雅亮廉儉輔世翊贊功臣 壁上三韓三重大匡)으로 관직은 문하부의 판사인 판문하부사(判門下府事)로 군직으로 예문춘추관의 판사(領藝文春秋館 判事)와 상호군(上護軍)으로 작위로는 동원부원군(東原府院君)으로 어머니 봉산지씨에게는 삼한국대부인(三韓國大夫人)으로 추증했다.

　최영 장군은 집으로 왔으나 기뻐할 부모는 가시고 계시지 않으니, 사당에 봉작 교지를 올리고 절을 하니 위패에서 소리가 나는 듯했다.

"영아, 네가 애비의 뜻을 받들고 나라를 먼저 걱정하여 마음 쓰는 것이 더없이 기쁘다."

우왕은 도당에서 의논하여 수시중 최영에게 진포대첩과 운봉대첩을 총지휘한 공적으로 토지를 하사하였다.

"지난해 왜적들이 양광도와 전라도 깊숙이 침구하자, 경은 장수들을 지휘하여 진포에서 적선을 불태웠으며 운봉 전투에서 승리했으니, 산처럼 큰 그 전공을 길이 잊을 수가 없다. 과거 여러 차례 토지를 내렸으나 경은 모두 버려두고 그 세를 거두지 않았기에, 이제 부친의 묘소가 있는 고봉현 대자산 주위 토지 230결과 서강 기슭 주위 장원정의 토지 50여 결을 내려 주노라."

하여 모두 합쳐 280결의 토지를 왕으로부터 하사받았으나 대자산 부친묘 주위를 제외하고는 고사했다.

우왕이 궁궐 밖으로 놀러 나가려 하자, 수시중은 간언했다. "지금 기근이 거듭 닥쳐서 백성들이 어려워 그대로 살지도 못하고 농사일이 바야흐로 일어날 때인데 예절도 없이 즐겁게 놀아 백성들에게 고통을 주는 것은 옳지 않습니다."

왕의 심기는 불편하였다.

"충숙왕도 놀이를 즐겼는데 왜 내가 놀러 다니는 것만 유독 옳지 않다고 하는 거요.?"

수시중은 이유를 들으며 재차 간언했다.

"선왕 때에는 백성들이 안락하고 해마다 풍년이 들었기 때문에 놀러 다니는 것이 괜찮았지만 지금은 그런 상황이 아니라고 저는 믿습니다."

왕이 용수산에서 놀면서 술에 취한 채로 말을 타고 달리다 낙마하여 크게 다치자, 수시중은 재차 간언했다.

"충혜왕께서는 여색을 좋아했으나 반드시 밤에만 즐김으로써 남들의 이목을 피했습니다. 충숙왕께서는 놀러 다니기를 좋아했으나 반드시 농사철을 피해 백성들에게 원망을 사지 않았습니다. 지금 전하께서 예절 없이 노시다가 말에서 떨어져 몸을 상하였으니, 신이 재상의 자리를 지키면서 바로잡지 못했으므로 무슨 면목으로 백성들을 보겠습니까?"

"지금부터는 유념하도록 하겠다."라고 우왕이 약속했다.

이듬해 3월, 개경의 물가가 급등하자 상인들이 그 틈을 타 조그마한 이익을 두고도 싸움을 벌였다.

수시중은 못마땅하게 여긴 나머지 시장에 나오는 모든 물건은 먼저 경시서에서 그 가격을 정해 세인으로 표지한 후 비로소 매매하도록 허락했다.

세인의 표지가 없는 물품을 매매하는 경우 갈고리로 척추를 찍어 죽이겠다고 선포하고는 큰 갈고리를 시장에 걸어 놓고 두루 보게 하자 시장 사람들이 벌벌 떨었으며 소위 매점매석(買點賣惜) 같은 일들이 끝내 실행되지 않았다.

경상도, 강릉도, 전라도의 삼도에서는 왜구의 침입으로 인하여

고려 명장 최영 장군의 리더십

생업을 잃고 백성들이 많이 굶어 죽었다. 수시중은 여러 도에 명령을 내려서 시여장을 설치하여 자비롭고 선량한 자를 뽑아 이를 주관하게 했으며 관청의 쌀을 내어 죽을 만들어 진휼하고 보리가 익은 후에야 종료하였다.

바닷가의 주군이 왜적의 침구로 시달림을 받아왔으므로 3년 동안 조세를 경감해 줄 것을 도당에 청하여 이행토록 하였다.

전함을 건조하고자 농사철이라 백성들을 사역할 수 없으니 각 도의 승도를 부리고자 한다고 하니 이에 대답하기를 "승려들이 편안한 것은 나라에 근심이 없기 때문입니다. 나라에 변고가 있으면 승려인들 어찌 홀로 편안하겠습니까?"라고 하며 승도 모집에 동참하였다.

해를 넘기지 않고 큰 전함 백삼십여 척을 건조하여 요충지에 나누어 지키게 하니 이후로 왜구의 침구가 점점 줄어들어 백성들이 기뻐하였다.

6월, 삼사의 최고 상위직인 영삼사사(정1품)로 임명되어 우왕을 지근거리에서 직간하였으며 겨레를 위해서 외적을 막아내고 백성들에게 고통을 주지 않도록 하는 신념의 정사 기록은 전국 방방곡곡에 남아 있다. 지금도 그 뜻을 기르기 위하여 사당을 세워 추존(推尊)하고 있다.

11월 중순, 조정에서는 동직밀직사 정몽주와 판도판서 조반을 남경에 보내어 신정을 하례하고 진정표를 올려 시호와 승습을 청했다.

주원장이 조반을 별도로 내실로 불렀다. 주원장은 비밀스런 이야기를 나눌 때는 주로 자신의 은밀한 내실에서 했다.

"최 장군은 잘 지내느냐?"

"네, 직접 왜구와 싸우다가 근년에는 도당에서 전장터의 장수들을 독려하느라 바쁘게 지내고 있습니다."

"그럴 것이야, 이제 노인이 되었겠지?"

"나이로는 노인이 되었으나 섭생을 잘하고 있어 정정하십니다."

"그래야지, 이제 물러나 무병장수하셔야지…"

"최 수시중의 근황은 다른 사신을 통해 잘 알고 있다네."

1384년 9월, 우왕이 최영 장군을 도당 회의를 주도하는 문하시중으로 임명하였으나 노환을 핑계로 사양하고는 이현 집에서 쉬고 있는데 몇 달 뒤 문하부 책임자인 판문하부사(정1품)로 다시 복직되어 왕을 지근거리에서 모시며 정사를 함께 논의하였다.

우왕이 서해도로 사냥을 나갔는데 최영 장군이 이인임과 수행하였다. 지봉주사 류반이 왕을 접대한다고 빙자하여 지역 백성들에게 많은 재물을 거두었다는 원성이 있어 자초지종을 알아본 판문하부사는 백성들이 보는 앞에서 지봉주사에게 매를 치고 거두었던 재물을 돌려주도록 조치를 한 후 징계를 내렸다.

　　　　　　　고려 명장 최영 장군의 리더십

맹사성이 한산부원군 이색을 지공거로 하여 과거시험에 장원 급제하고 인사차 이현 처가에 왔다.

순천부사(정4품)를 역임하고 대호군(종3품)인 장인 최담과 처조부 최영 장군에게 문안 인사를 올리니 장군께서 가슴에 품고 전장을 달리며 '오관산곡'을 연주했던 대금을 기다란 상자에 담아서 맹사성에게 선물로 주었다.

"내가 몽매한 시절 대금을 불어 나를 깨우치려고 애를 쓰셨던 내 인생의 스승으로부터 받아서 수많은 전쟁터를 달리며 불어온 지 반백 년이 되었는데 이제 너에게 준다. 자네는 이 대금에서 울려 나오는 소리를 백성이 힘들고 지친 하소연으로 듣고 백성의 편에 서서 그들을 위무하는 청빈한 관리가 되어야 할 것이다."

처조부의 뼈가 서 있는 말에 잠시나마 우쭐했던 맹사성의 등골에는 식은땀이 흘러내렸다.

1388년 정월, 최영 장군의 고사에도 불구하고 고려의 최고 관직인 문하시중(정1품)으로 임명되었다.

2월에는 우왕은 장군이 어려운 시절 도움을 받으며 뒤늦게 맞이한 측실 은씨 부인과의 사이에서 태어난 예쁜 딸 최씨를 제2비인 영비(寧妃)로 책봉하고 곧바로 영혜부를 설치해 주었다.

우왕이 늦은 시간 이현으로 문하시중 집을 몰래 찾아와서는 장군에게 병권을 주고 부정부패와 사리사욕을 일삼은 임견미, 염흥방 일당들을 비밀리에 문초하도록 권유하고는 입궐하였다.

부정부패와 횡포를 일삼던 임견미, 염흥방, 왕복해 그 일당의 소행을 분하게 여긴 나머지 직접 문초하여 죄를 소상히 밝혀 처형하니 백성들은 크게 기뻐하며 길에서 노래하고 춤을 추었다.

전민변정도감으로부터 임견미, 염흥방 등이 점탈했던 전답과 노비의 현황을 조사한 후, 안무사를 각 도에 보내어 1천여 명에 이르는 이들의 가신과 악질 종들을 체포해 처형하고 재산을 모두 몰수하였다.

임견미, 염흥방이 주살될 시기에 이인임은 하소연하려고 이현의 집에 찾아왔는데, 장군은 문을 걸어 잠그고 사절하여 만나 보지도 않고 돌려보내니 담장 너머로 자신의 심경을 알렸으나 부정을 일삼던 일당들을 모조리 처형시켰다.

이인임도 예외가 아니었다. 문초하여 재산을 몰수하고 처형시키려 했으나 최영 장군과는 서로가 할아버지 때부터 우호적인 관계를 유지해 온 절친한 사대부 집안이었으며 호형호제하는 사이였다.

우왕도 어릴 때부터 이인임을 양부로 모셨고 한때는 정사에 섭정하기도 했기 때문에 최영의 건의를 받아드려 고향에 안치하는 형으로 결정하고 그의 자제들까지 용서하여 유배를 보냈다.

내원당의 현린 스님이 장군을 찾아왔다.

"최 시중, 저들이 백성들의 피를 빨아 탐욕을 채운 죄로 멸문의 길로 갔으나 인간의 탐욕은 끝이 없어서 결코 막을 수가 없는 것이오."

최영이 강한 어조로 대답했다.

"한두 사람의 탐욕이라면 막을 수 있겠지만 탐욕의 뿌리가 깊으면 그 가지도 무성해지니 뿌리째 뽑지 않으면 곧바로 싹이 돋아날 것이 분명하오."

현린은 손가락으로 염주를 굴리며 말을 이었다.

"탐욕은 인간의 숙명이라서 오늘 한차례 칼날에 쓰러져도 이 땅에 인간이 살아가는 한 지속될 것입니다. 이제 여기서 멈추시오. 그렇지 않으면 시중이 다른 사람들의 원망을 사게 됩니다."

최영이 화답했다.

"탐욕이 비록 모든 인간의 숙명이라지만 권력을 가진 자라면 반드시 버려야 할 덕목입니다."

현린이 조언했다.

"아무리 그래도 탐욕을 다스리는 것은 칼로 물 베기입니다."

최영 장군이 판단하는 탐욕은 정의로운 국가를 만들기 위해 마땅히 발본색원하는 것이고, 현린 스님이 인식하는 탐욕은 인간의 본성이므로 수양의 대상이었다.

우왕은 할머니 명덕태후가 "결국 최영 장군만이 남아 주상을 섬길 것이니 간언을 잘 따르시오"라고 유언한 것을 유념하면서 세 사람 중에 경복흥은 죽고, 이인임은 유배를 당하고, 최영만 남아서 본인을 지켜주고 있다고 생각하였다.

팔도 도통사로 요동 정벌 출정

━━━━━━ ❈ ━━━━━━

우왕은 이인임 일당을 축출한 이후 풍전등화와도 같은 위태로운 정국이었는데도 홍건적과 왜구를 격퇴하고 명장으로 우뚝 선 최영이 본인에게 충성하면서 입지를 확고히 지원하고 있다는 것을 믿었다.

당시 중국은 원과 명이 교체되는 혼란을 겪으며 주원장은 화남을 통일하고 남경에서 황제로 즉위하였다.

고려는 1369년 공민왕 때부터 명나라와 외교 관계를 맺어 왔는데 우왕에 이르러 무리한 세공을 요구하고 고려 사신의 입국을 거절하는 등 고압적인 태도를 보이기 일쑤였다. 그것뿐만 아니라 공민왕이 회복한 철령 이북의 땅을 다시 명에 반납하라는 억지를 부리며 이 지역에 철령위를 세우면서 이전의 원나라의 땅이었던 지역을 모두 명나라 소유라고 주장하였다.

철령 이북의 땅은 원나라가 고려의 땅을 점거하였던 쌍성총관부로 이 지역은 원래 고려의 영토로 한때 반역자들의 투항으로 원의 지배에 들어간 적도 있지만, 고려에 수복된 지가 오래였다.

명나라는 철령 이북 땅을 자기들 땅이라고 주장하며 철령 이북

고려 명장 최영 장군의 리더십

과 이서, 이동을 요동에 귀속시키려고 시도하고 있었다.

이러한 소식을 접한 고려 조정은 군사를 강화하면서 고려 영토임을 밝히고 철령위 설치를 중지하라는 교섭을 전개했으나, 1388년 요동에서 철령까지 칠십 참을 두는 철령위를 설치하겠다고 정식 통보하자 고려와 명나라 사이에 긴장감이 감돌기 시작했다.

요동은 요하의 동쪽지방으로 고려는 원나라 세력을 몰아내고 이곳에 살고 있던 고려인까지 통치 영역을 넓히고자 몇 차례나 출정하여 통치한 적이 있었다.

명의 철령위 설치에 대응하여 우왕과 최영은 건국한 지 얼마 되지 않은 명나라가 내정이 불안정하여 전쟁에 전력을 다할 수 없다고 판단하고 요동에 주둔하고 있던 명이 북원을 공격하기 위해 이동할 때 그 틈을 이용하여 고려군이 기습공격을 감행하면 초전에 기선을 제압할 수 있으며 수세에 몰린 북원군이 고려군을 지원한다면 승리할 수 있다는 전략과 전술을 세우고 요동 정벌을 감행토록 준비를 철저히 하였다.

원명 교체기의 내부 혼란을 노린 야심 찬 요동 정벌은 북진정책으로 고려의 염원인 옛 고구려와 발해의 땅이었던 우리 영토를 수호하려는 국가적 의지의 표출이었다.

고려인들은 정벌이라는 말만 들어도 환호했다. 백수십 년을 침략만 받다가 어느새 국력이 회복된 것에 감격했으며 최무선이 신무기 화포를 만든 이후로는 어떤 전쟁에서도 반드시 승리할 거란 확신과 기대를 품고는 대국이 될 것을 믿었다.

우왕이 최영 장군과 비밀리에 만나 요동 정벌에 대한 의견을 묻자, 장군은 요동 정벌의 필요성을 권하였다.

갖고 온 보자기를 풀었다.

"이것이 무슨 책입니까?"

"이 책은 '단군세기'라는 책입니다. 선왕 때 시중을 지낸 행촌 이암이 쓴 책입니다. 이 책을 읽어보시면 원과 명이 단군 왕조 때부터 구토였던 우리 땅을 빼앗으려고 협박했는지 알 수 있습니다."

"주상께서는 지금과 같은 원명 교체기에 선왕께서 이루었던 실지 회복을 도모하셔야 이 고려가 강한 제국이 될 것입니다."

최영 장군의 의지를 밝혔다.

우왕은 제국이라는 말에 눈을 뻔득거리며 물어보았다.

"우리 군사로서 능히 감당할 수가 있습니까?"

최영 장군은 "명나라가 양자강 남쪽에 수도를 삼았고 산해관을 다섯 겹으로 튼튼히 둘러쌓는 것을 보면, 요서와 요동 땅은 포기하고 고려와는 전쟁을 치를 의사가 없는 것이 분명합니다. 그리고 합라장이 감숙에서 군사를 일으키면 양동작전이 가능할 것입니다."

"그들의 앞잡이 나하추를 귀환시켜서 막지 않을까요?"

우왕은 염려했다.

"나하추가 요동의 군사를 이끌고 이미 운남성으로 떠난 지가 오래되었습니다. 한창 전투 중이라서 요동으로 되돌아온다 한들 우리와 대적할 상대가 되지 않을 것입니다."

고려 명장 최영 장군의 리더십

라며 대답했다.

"빙부의 의지가 확고하니 따르겠습니다."

우왕은 요동 정벌을 결심하였다.

"이것이 진실로 고려를 위하는 길이며 백여 년 동안 작아진 우리 영토를 지켜 중흥하고자 하는 웅비의 길이어서 명분이 있습니다."

"다만 저들 군사가 남쪽에서 돌아오기 전에 신속하게 요동을 탈환하여야 합니다."

"탈환하고 난 뒤에는 어떻게 수성할 겁니까?"

라며 재차 질문을 했다.

"성을 차지하고 나서 곧장 최무선의 화포부대를 각 성벽에 배치하면 저들은 함부로 공격해 오지 못합니다. 우리의 최신 화포와 20종이나 되는 여러 가지 신무기는 인마살상용으로 저들이 보유하고 있는 성벽을 부수는 화포와는 화력과 성능이 완전히 다릅니다."

함경도 철령을 수복할 때 전투를 치른 경험이 있었던 최영 장군은 주원장의 말도 안 되는 철령위 설치 통보에 반발하고 나섰다.

건국한 지 얼마 되지 않은 명나라가 내정의 불안정으로 아직은 전쟁에 전력을 다할 수 없다고 판단하고, 합라장이 버티는 북원 세력이 건재하고 있는 좋은 기회에 요동까지 쳐들어가자는 주장을 폈다.

반면, 이성계는 내면적으로는 국가적 명분에 개인적 실리로 맞서기 시작했다. 요동 정벌로 이성계 사병인 가별초 삼천여 명 이상이 피해를 당할 것이고, 만일 패전하여 정벌에 실패했을 경우 정치적 입지는 약화될 것이 우려되어 거듭 반대를 주장했다. 한편으로는 '4가지 불가론'을 내세웠고 신진 사대부들도 반대를 일삼으며 명나라와도 내통하고 있었다.

우왕은 '단군세기'와 '북부여기'를 읽고 난 뒤 머릿속에 그리고는 이성계를 불러 '4가지 불가론'에 반박하며 단호하게 호통치며 경고했다.

4월, 우왕은 팔도의 군사를 독촉해 징발하였다.

압록강에 부교를 만들어 설치하는데 대호군 배구를 시켜서 이를 감독하게 하였다. 중앙과 지방의 승도까지 징발하여 군대로 삼았다.

주원장이 철령위를 설치하려고 하고 북원과 싸우는 이때가 최적기라 판단하고는 옛 고구려 땅을 되찾아 국토를 넓히려는 대의명분으로 최영 장군을 팔도도통사로 임명하였다.

조민수를 좌군도통사로 삼아서 12원수를 소속시켰으며, 이성계를 우군도통사로 삼아 16원수를 소속시켰다.

좌우군은 모두 3만 8천8백여 명이었고 지원하는 인원이 1만 1천6백여 명이었으며 말이 2만 1천6백여 필이었다.

마침내 5만 장정들이 고려인의 열망을 대신 짊어지고 요동 정벌의 원정 준비에 박차를 가하고 있었다.

고려 명장 최영 장군의 리더십

도원수 나세와 최무선은 명나라 수군의 침략을 대비하여 강화에서 군산 열도에 이르는 서해 항로를 지키게 했다.

1388년 4월 18일 팔도도통사 최영 장군은 요동 정벌군을 동교에서 열병하였다. 옛 고구려의 땅을 회복하려는 대의명분으로 역사적 웅비를 펼쳤다.

팔도도통사 최영 장군은 요동 원정군을 이끌고 출발하려고 하였으나 우왕은 팔도도통사를 서경에 머무르도록 하였다.

우왕은 최영의 탐라국 토벌 원정 때에 부왕 공민왕이 암살을 당한 것이 마음에 걸린 탓이었는지 원정군의 사병적 성격을 몰랐는지 치명적인 실수를 하였다.

최영 장군이 총사령관이었으나 그 실체는 각각 원수들에게 통솔권이 부여된 인적 관계로 형성된 정벌군이 되어 있었다.

원정군은 28원수의 단위 부대로 편성되어 각 원수의 명령에 임의적으로 조종될 수 있었다.

19일, 팔도도통사 최영은 재차 우왕에게 직접 나가서 요동 원정군을 지휘하고 독려하기를 청하였다.

"대군이 장도에 올랐는데, 만일 열흘이나 달포 정도 지체한다면 대사를 성취할 수 없습니다. 신이 다시 청컨대 현장에 나가서 직접 지휘하고 독려하겠습니다."

겁이 많은 우왕은 이를 완강히 거절했다.

"경이 떠난다면 누구와 더불어 정사를 하겠습니까? 과인도 함께 가겠습니다."

최영 장군은 어쩔 수가 없어 왕과 더불어 서경에 머물고, 멀리서 정벌군을 절제(節制)하기로 하였다. 그리고는, 정벌에 나선 장수들을 믿었다.

요동 정벌군이 압록강 하류의 위화도에 도착하고는 물이 불어나 강을 건너기 어렵다는 이유로 진군을 중단하고 14일 동안을 머물렀다.

압록강에 안개가 자욱한 새벽녘 작은 불빛으로 신호를 보이며 빠른 배 한 척이 위화도에 닿았다.

조반과 정탐군으로 가장한 서질이 내려 이성계에게 결단을 촉구하자 2~3일 내로 회군할 것이니 은밀히 왕에게 전하라고 했다.

위화도 회군으로 요동 정벌 좌절

5월 22일, 좌, 우군도통사는 전령을 보내어 총사령관인 팔도도통사에게 나아가 군사를 돌이키도록 허락할 것을 청했다. 그러나 팔도도통사인 최영 장군은 마음에도 두지 않았다.

오히려 "군령이 엄하니 즉시 강을 건너라."고 호통을 치면서 진군을 독촉하였다.

이성계는 전령을 통해 몰래 왕을 근시하고 있는 이성계 아들 이방우를 찾아가 갑옷의 비늘 하나를 떼어 그 비늘 뒤쪽에 "빠져나갈 준비는 하되 저들이 눈치를 채게 하지 마라."고 전달했다.

이방우는 부친이 하는 일에 동조하고 싶지 않아서 갈등하였다.

이성계가 태연하게 조민수를 자리에 앉도록 청한 후, 자리에 앉으면서 다급하게 회군할 것이라고 말했다.

조민수가 깜짝 놀라 말했다.

"이 일이 잘못되면 반역이 됩니다."

"크게 보면 그렇지 않소. 회군하여 주상을 바꿀 것입니다."

"누구를 점지해 두셨습니까?"

"왕씨의 후손을 다시 세우면 되지 않겠습니까?"

"왕씨의 후손을 세운다면야 우리 좌군도 함께 회군하겠소이다."

조민수는 개경에 남아 있는 군사가 천여 명도 되지 않으므로 승산이 크다는 것을 알았다.

"도통사는 어찌할 것이오."

이성계도 좌군과 싸울 수가 없으니 은근히 끌어들였다.

"주상을 끌어내리는 마당에 왕과 뜻을 같이하는 자들은 모두 운명도 함께하게 할 것이요."

24일, 서북면 안렴사로서 요동 정벌에 조전사를 담당하던 최유경은 정벌군이 회군하여 돌아온다는 소식을 듣고 신속히 달려와 평양성에 있는 최영 장군에게 보고하였다.

"드디어 부역자들이 본색을 드러내고는 반역을 저지르고 말았구나!"

최영 장군은 안소를 불러 지시했다.

"자네가 급히 성천으로 가서 주상께 위급한 상황을 알리고 곧바로 서경으로 모시고 오게."

안소가 성문을 열고 동북쪽 성천을 향해 말을 몰았다.

우왕과 영비는 성천(평남 성천군)에서 온천욕을 하며 여유롭게 머무르고 있었다.

최언이 부사로 있는 성천으로 안소가 노을을 등에 지고 뒤늦게 행재소 관아에 들이닥치니 성천부사는 왕을 모시고 있었다.

다급한 목소리로 왕에게 보고했다.

"전하, 정벌군이 회군했다고 합니다."

왕이 화들짝 놀랐다.

"저들이 반란을 일으킨 것이오?"

"네, 그렇습니다."

최언은 영비를 쳐다보며 고개를 가로저었다.

"진의는 아직 파악이 안 되었으나 군사를 돌이킨 이상 반역은 틀림없습니다. 빨리 서경으로 가서야 합니다."

이성계는 군사 반란을 일으켜 요동을 정벌하기 위하여 출정한 군사와 함께 위화도에서 회군하였다. 고려의 옛 영토를 회복하기 위하여 요동 정벌을 감행했으나 회군이란 군사 반란으로 실패로 돌아간 것이었다.

요동 정벌을 위해 출발한 이성계의 정벌군은 서경에서 위화도까지는 20여 일이나 소요되었으나, 회군을 감행할 때는 위화도에서 개경까지 10일 만에 당도하였다. 이는 군사 반란을 일으킨 것임을 입증하는 것이었다.

유난히도 어둡고 쓸쓸한 밤이었는데 내원당에 머물던 현린이 최영을 찾아와 위로했다.

"도통사, 요동 회복의 꿈이 계집의 치마폭에 싸여 사대를 좋아하는 간신들 때문에 무산이 되었습니다."

이에 최영이 말을 받았다.

"본래 역사는 항상 미래를 내다볼 줄 모르는 간신들의 탐욕으로 비롯되는 것이지요."

"탐욕? 도통사의 말이 부처님의 말씀이군요?"

"허허허…."

이성계 일당이 회군했다는 소식을 듣고 정벌군에 포함되지 않았던 2천여 이상의 군사들은 앞다투어 분발하여 회군들과 맞서 싸웠으며 현린 스님은 승도를 모집하여 최영 장군을 도와 반란군과 맞서 싸웠다.

우왕은 조민수, 이성계 등의 관직을 삭탈하고는 반란을 일으킨 장수들을 잡는 자는 관노, 사노를 막론하고 크게 벼슬과 상을 내린다고 명령을 내렸으나 속수무책이었다.

숭인문과 영의서교에서는 그들을 격퇴했으나 힘에 겨워 궁궐까지 밀리었다

6월 3일, 어전 안에서 우왕과 영비는 최영 장군의 손을 잡고 울면서 작별하였다. 장군은 칼을 버리고 왕에게 절을 올린 후, 밖으로 나섰다.

최영 장군은 이성계와 서로 마주치면서도 울분에서가 아닌 고려의 앞날을 걱정하면서 눈시울을 흘렸다.

반란군 자신들은 종묘사직을 위해 무슨 행위를 하고 있는지 모르면서 물끄러미 바라보며 눈시울이 붉혀졌다.

고려 명장 최영 장군의 리더십

역사의 기록은 언제나 승자의 기록이 전해지며 명분을 갖고 있다. 이성계를 중심으로 이루어진 위화도 회군의 표면적인 이유는 요동을 공략하는데 네 가지 어려운 이유인 '사불가론'이었다고 주장을 하지만 이는 후일 조선 건국 초기 회군의 당위성을 확보하기 위하여 주장한 것에 불과했다. 고려 말기의 군벌 대립에서 고려왕조를 수호하고 영토를 회복하려는 군벌이 부정하려는 신진 사대부와 군벌에게 패배했음을 의미하는 것이었다.

최영 장군의 요동 정벌이 좌절됨으로 고려의 원기(元氣)는 잠들게 되었고, 조선왕조 오백 년간 미약한 장본(張本)이 되다 못하여 마침내 나라마저 잃게 되는 비운을 맞아 일본국에 강점당하는 처지가 되었다.

문인 운곡 원천석은 요동 원정에 큰 기대를 걸었으나, 이성계가 주도하여 회군이 이뤄지자 이를 한탄하는 詩를 지었다.

비휴 같은 용맹한 병사 10여 만이 / 貔貅十餘萬
압록강을 건너려 한다네 / 欲渡鴨綠江
이제 요해(요하)를 건너면 / 方期遼海路
씩씩한 기운으로 깃발을 날리고 / 壯氣浮旗潚

범 같은 위엄이 중원에 떨칠 것이니 / 虎威振中原
두려워 엎드리지 않을 자 누구인가 / 誰敢不畏伏

응당 개선하는 날이 오리니 / 應當凱旋日
사방 오랑캐가 다 귀속하고 / 四夷凱附屬

성스러운 임금께서 무궁한 수명 누리시어 / 聖王壽無疆
주 무왕의 행적을 이어 밟으시리라 / 繼踐周武躅
내 비록 늙은 데다 병까지 들었지만 / 我雖老且病
함께 태평곡을 부르려 하였는데 / 與唱太平曲

어찌하여 압록강을 건너지 않고 / 奈何不渡江
갑자기 말고삐를 돌리나 / 舊然回轡速
서도에 계시던 임금님 수레도 / 翠華在西都
어이 그리도 급히 돌아오시나 / 反駕何踽促

안타깝구나! 우리 도통공이시여 / 可憐都統公
홀로 서서 원망을 듣게 되었네 / 獨立招怨望
기둥과 주춧돌이 이미 기울어 위태하니 / 柱石旣傾危
크나큰 집을 장차 어이 지탱하랴 / 將何支廈屋

처음과 끝이 한결같지 않으니 / 終始不如一
부끄러워 볼 면목도 없겠네 / 靦然無面目
머리 위에 푸르고 푸른 하늘이 있건만 / 頭上有蒼蒼
화와 복을 어찌 알랴 / 焉知禍興福

고려 명장 최영 장군의 리더십

이어, 운곡 원천석은 詩文 해동이현찬(海東二賢讚)으로 최영 장군을 찬사하면서 위로했다.

(1) 前冢宰 六道都統使 崔瑩 (전총재 육도도통사 최영)
海東聲價 動中原 (해동성가 동중원)
해동(고려)의 명성이 중원(중국)까지 요동하는데
帷幄軍籌 簡不煩 (유학군주 간불번)
장막 속의 군사작전이 번거롭지 않았네.
忠壯心懷 經海岳 (충장심회 경해악)
충성스럽고 장한 마음은 산과 바다보다도 무겁고
生成德業 大乾坤 (생성덕업 대건곤)
이룩한 덕업은 하늘 땅처럼 컸네.

三韓柱石 切彌重 (삼한주석 절미중)
삼한 기둥과 주춧돌처럼 공이 더욱 무거워
六道雲寬 望益尊 (육도운관 망익존)
육도의 백성들이 비구름처럼 우러렀네.
天爲我邦 扶社稷 (천위아방 부사직)
하늘이 이 나라 사직을 붙드시려면
原砕公壽 茅崑崙 (원영공수 모곤륜)
공의 수명이 곤륜산 같아지겠네.

(2) 판삼사사 최영 (判三司事 崔瑩)

朔雲常帶 大平痕 (삭운상대 대평흔)

항상 북방의 찬 구름도 태평하였던 흔적을 가지고 있고

知是明公 盡所存 (지시명공 진소존)

공은 옳고 밝은 것을 고려을 위하여 진력을 다했기 때문일세

雙手巳會 扶日月 (쌍수사회 부일월)

일어나 두 손을 모아 해와 달을 붙들고

片言端合 定乾坤) (편언단합 정건곤)

올바른 화합의 한마디 말은 천지를 평정하는구나

滿懷智勇 專憂國 (만회지용 점우국)

지혜와 용맹은 가슴에 아득하며 나라를 걱정하고 염려하는 데에만
전념하였는데

一代英雄 半在問 (일대영웅 반재문)

영웅의 한 세대에 있는 것은 위로가 절반뿐일세

出入兩朝 兼將相 (출입양조 겸장상)

양조(공민왕과 우왕)를 드나들면서 장수와 재상을 겸하였고

始終功業 舌難論 (시종공업 설난론)

큰 공로와 업적을 세웠는데 처음부터 끝까지 설전을 하는구나!

최영 장군은 옛 고구려와 발해의 영토를 회복하려는 대의명분으로 요동 정벌의 웅지는 위화도 회군으로 인하여 좌절되었다.

별을 향해 떠나다

6월 3일, 최영 장군은 고봉현으로 유배를 떠났다.

고봉현에서 며칠 뒤인 6월 5일, 합포로 이배되었다. 찬성사 송광미를 원주로, 밀직부사 안소를 안변으로, 조규를 각산으로, 정승 가는 영해로, 판밀직 인원보를 함창으로, 밀직사 조림을 풍주로, 동지밀직 안주를 봉주로, 지밀직 정희계를 음죽으로 귀양보냈다.

6월 8일, 우왕도 영비와 함께 강화도로 쫓겨나고 6월 9일, 아홉 살 어린 창을 왕으로 옹립하면서 대사면을 베풀었으나 최영 장군은 제외하였다.

이유인즉 '나라의 권력을 전단(專斷)하여 군사를 일으켜 상국(上國)의 죄를 얻었으니 사면할 수 없다'였다.

최영 장군에게 요동 정벌의 죄를 물어 다시 국문하였다. 현린 스님 등도 함께 신문케 하였다. 현린은 시초에 장군과 공모하여 승병(僧兵)을 징발하였고 요동 정벌군이 회군하자 맞서 싸웠다.

최영 장군은 또다시 충주로 이배가 되었다.

7월, 우왕의 양위와 최영의 죄상을 담은 표문을 명의 황제에게 올렸다.

이성계 일당은 명나라에 문하찬성사 우인열과 정당문학 설장수를 사신으로 보내 우왕이 왕위를 양보하였음을 고하고 창왕을 이어 책봉해 줄 것을 청하였으며, 최영이 요동을 공격하려 한 죄도 아울러 아뢰게 했다.

명나라 주원장의 언성이 커졌다.

"너희들이 왕을 폐위한 죄를 먼저 묻지 않고 어찌 최영의 죄를 묻는단 말인가?"

요동 공격은 명령한 왕의 책임이지 명을 수행한 장수의 책임이 아니란 말이었다.

"내가 모반을 아주 싫어하는 것을 그대 나라 사람들은 정녕 모르는가!"

"내원당의 왕사는 어찌 되었는가?"

"내원당 현린 스님도 최영과 같은 죄목으로 갇혀 있습니다."

주원장이 또 한 번 소리를 질렀다.

"그대들은 곧바로 귀국하여 왕사를 당장 내게로 보내시오."

주원장은 탈탈의 처남이자 자신의 처외삼촌인 현린을 살리고 싶었던 것이었다.

고려 사신이 물러나 가자, 주원장이 조정 대신들에게 회상하면서 말했다.

"최영은 고려의 충신일 뿐만 아니라 명나라 건국의 은인이오! 위국공 서달께서 늘 내게 하던 말이었소!"

고려 명장 최영 장군의 리더십

며칠이 지난 오후, 주원장은 고려의 사신 우인열을 다시 불러 호통쳤다.

"화통도감을 폐지했다는 소식은 올리지 않으면서 왕위의 승습을 알리려 왔으니 이 무슨 계략인고? 곧 반란의 죄를 물을 것이라고 전해라."

이성계의 측근인 대간들이 글을 올려 '최영은 우리 현릉을 섬겨 흥왕사의 난을 평정하였으며 홍건적을 북쪽 변방으로 몰았습니다. 계속 상왕을 도와 왜적을 승천부에서 물리치어 국기를 보존하였고 금년 봄에는 악당들을 소탕해 민생을 건져내었습니다. 그 공은 크나 대체에 어두워서 많은 사람의 의견을 무시하고 요동 정벌을 결정함으로써 명나라 황제에게 죄를 지어 나라를 뒤집어엎을 뻔했습니다. 공의 죄를 덮을 수 없습니다. 바라옵건대 전하는 강대한 이웃 나라와 국교를 유지하고 하늘을 조심해 그 죄를 밝혀 선조의 신령에게 고하고 명나라 황제의 노여움을 풀어줌으로써 고려의 항구적인 평화와 안정으로의 길을 열 것입니다.'라고 아뢰었다.

12월, 개경으로 압송되어서는 순군옥에 갇힌 뒤 별을 향해 떠나기를 기다리고 있었다.

송부개가 순군부 옥 안으로 술 한 병을 들고 찾아갔다.

"허허, 형님이 어려운 걸음을 하셨군요."

"내불당은 어떻게 되었소?"

"내불당은 오세암으로 내쳤다오."

"그나마 다행이오."

"송광미, 안소 등은 어떻게 되었소?"

"그들은 유배지로 사람을 보내서 직접 처형했답니다."

"나무아미타불 관세음보살."

"무선 아우는 어떻게 되었소?"

"최 도감은 서해에 머물러 두고는 도성에 못 들어오게 하고 있답니다."

송부개가 큰 사발에 술을 가득 부었다.

최영 장군이 잔을 받아 들며 말했다.

"이 한 잔 술이 우리들의 마지막 이별주가 되었구려."

송부개가 말했다.

"부처님 곁이 더 좋은 세상이라고 나옹이 입버릇처럼 말하지 않았소?"

장군은 잔을 비워서 내려놓으며 턱수염을 가다듬으며 말했다.

"나는 내 이름 瑩 자의 뜻에 맞추려 무던히 애를 쓰며 맑고 밝게 살았으니, 후회는 없는데…."

송부개도 잔을 내려놓으며 위로의 말로 답을 했다.

"그 맑고 투명한 삶이야 온 나라 사람이 다 알고 있는데 하늘인들 어찌 모르겠소."

최영 장군이 한숨을 쉬면서 또 한탄했다.

"나는 한 번도 왕위를 넘본 적도 없고, 지위를 이용하여 재산을 축적한 일도 없으며, 내 자식과 친인척들을 의도적으로 출세시킨 적도 없는데 나라의 죄인이 되었으니 다 하늘의 뜻인가?"

"내 목숨이야 아깝지 않지만, 고려인의 천년의 꿈이 산산이 깨졌으니 너무나 슬프도다."

"이제 고려의 국운이 풍전등화와 같으니 이를 어찌할꼬. 하늘이 무심하구나!"

깨끗한 물에 사는 물고기는 비늘로 물결무늬 위장을 하고, 비늘이 없는 물고기는 진흙 속에 몸을 처박고 사는 이치대로 너무 깨끗하면 더럽고 추잡한 사람들이 돌아서서 두려워하며 두려운 사람들은 어두운 곳에서 비겁한 생각을 하게 마련이다.

머리가 허연 두 분은 60년이란 긴 시간 동안의 인연으로 고려를 환난에서 구하는 버팀목이었다.

섣달 26일(양. 1389.1.30), 진눈깨비가 내리는 추운 날, 이성계 일당으로부터 최영 장군은 별을 향해 떠나갔다.

별을 향해 떠나실 때, 언사와 안색이 하나도 변하지 않았고 굳건했다. 개경 장안의 백성들은 아버지를 잃은 듯 식음을 전폐하고 삼삼오오 모여 통곡하였다.

"장군에게 죄가 있다면 오직 나라를 사랑하고 백성을 구한 죄일 뿐이다."

"아, 슬프다! 고려의 염원인 고토를 회복하려던 것이 죄가 되는 세상이구나!"

"이제 우리가 염원했던 일은 아득히 먼 과거로 사라지고 말았네!"

도성의 상점은 문을 닫았으며 멀리까지 소식이 알려져 거리의 어린이와 부녀자나 할 것 없이 거리에 나와 눈물을 흘리면서 애통하며 최영 장군의 명복을 기원하였다.

개경의 광화문 네거리에는 어수선한 진눈깨비가 하염없이 내리고 있었다.

삼 일이 지난 날, 장군께서 별을 향해 가신 것이 확인되자 늦은 밤 손녀사위인 맹사성이 시신을 거두어서 순천부사와 대호군을 역임한 아들 담과 성천부사를 역임한 최언이 조용히 곡을 하면서 초상을 치렀다.

도당(都堂)에서는 쌀과 콩 1백 50석과 베 2백 50필을 부의하였다. 당시 이렇게 많은 물품을 도당에서 논의하여 부의를 했다는 것은 장군의 죽음이 얼마나 애통했으며 정의로운 업적이 있었는지 뒷받침하는 것이었다.

고봉현에서 동쪽 십여 리 떨어져 있는 대자산 기슭에 아버지 최원직公의 묘소 아래 부인 문화유씨와 합장으로 모셨다.

서해상에서 왜선을 감시하던 최무선이 벽란도에 들어와서는 장군의 소식을 듣고 부두에서 땅에 머리를 박고 울음을 터뜨렸다. 다음날 이현으로 최담을 찾아가 조문을 한 뒤 곧바로 대자산으로 향했다. 장군의 묘소에서 대성통곡하며 절을 올리고는 시대를 한탄했다.

목은 이색은 문하시중 최영 장군을 애도하며 최 시중 성묘를 가지 못해 대문 밖에서 심신이 괴롭구나〈崔侍中 排掃廻 穡 身困不克郊迓 吟聲一首(최 시중 배소회 색 신곤불극교아 음성일수)〉하면서 시문을 지어 올렸다.

奉呈 (봉정)
詩 한 수를 삼가 받들어 올립니다.
喬木三韓 宥世臣 (교목삼한 유세신)
삼한의 거목이며 대대로 왕을 섬기니
聖君恩重 顯雙親 (성군은중 현쌍친)
성군의 두터운 은혜를 입고 양친까지 높게 되었네
焚香先蘴 忠誠激 (분향선농 충성격)
먼저 무덤이 되어 분향하니 흥분하는 충성심이 충돌하네
垂白都堂 德花淳 (수백도당 덕화순)
도당에 흰 꽃을 헌화하니 순박한 꽃은 향기가 왕성한데

已信江山 種秀氣 (이신강산 종수기)
믿었던 강산도 버리고 빼어난 정기도 눈물을 흘리네
須知添稷 感明神 (수지첨적 감명신)
마땅히 알아야 할 것은 부끄럽게 된 사직인데 밝고 총명한 신은 깨달아 알 것일세
病難郊迓 空吟咏 (병난교아 공음영)
질병으로 인한 어려움은 문 밖에 오고 있는데 노래와 시만 하늘을

보고 길게 읊습니다

頌美翻斬 語不新 (송미번참 어불신)

엎치락뒤치락하며 아름다운 칭송을 하니 부끄럽소 새로운 것(회군)

은 어불성설이네.

포은 정몽주는 철원부원군을 받들며 은혜가 넘치고 밝은 곳으로 가시길 기원하면서 〈奉次鐵原府院君 在盈德所 著詩韻(봉차철원부원군 재영덕소 저시운)〉 시문을 지어 올렸다.

賜玦暫時 吟澤畔 (사결잠시 음택반)

잠시 노리개감으로 내려준 것 같아 우물가에서 탄식하네

請纓去歲 過淮邊 (청영거세 과회변)

지난 어느 해는 중국에서 청하여 말을 타고 회안성과 장강 강가를

지나다녔는데

忠勤定國 新開府 (충근정국 신개부)

나라를 편안하기 위해 부지런히 충성하고 관청을 새롭게 하였네

談泊爲家 只俸錢 (담박위가 지봉전)

가정을 위하여서는 욕심이 없고 다만 봉급만 받았네

擧義獐川 增士氣 (거의달천 증사기)

달천에서 의병을 일으켜 홍건적을 격퇴하니 사기가 증강되네

成功鴻野 更人煙 (성공홍야 경인연)

홍산 큰 들판에서 승리하니 인가에 연기가 다시 나왔는데

欲知終始 心中事 (욕지종시 심중사)

처음부터 끝까지 욕심내는 것을 알지 못하고 중심이 되는 일만 하시는 마음뿐이네

看取佋佋 日在天 (간취소소 일재천)

사리가 밝고 뚜렷하여 잘 알아차렸지만, 세상을 떠나 저세상에서 하루를 지나네

운곡 원천석은 팔도도통사 최공의 참형을 받은 소문을 듣고 집에서 탄식하며 詩 〈崔瑩攻遼〉를 통하여 넋을 기렸다.

聞都統使崔公被刑寓歎 三首 (문도통사최공피형우탄 삼수)

水鏡埋光 柱石頹 (수경매광 주석퇴)

거울이 빛을 잃고 기둥과 주춧돌이 무너지니

四方民俗 盡悲哀 (사방민속 진비애)

사방의 백성과 만물이 모두 슬퍼하네.

赫然功業 終歸朽 (혁연공업 종귀후)

빛나는 공업은 끝내 썩는다 하더라도

確爾忠誠 死不灰 (확이충성 사불회)

굳센 충성이야 죽었다고 사라지지 않으리.

記事靑篇 曾滿秩 (기사청편 증만질)

사적을 기록한 푸른 역사책이 일찍 가득했건만

可憐黃壤 已成堆 (가련황양 이성퇴)

가엾게도 누른 흙이 이미 무덤을 이뤘네.

相應杳杳 中千下 (상응묘묘 중천하)

생각건대 아득한 황천 밑에서도

決眼東門 憤未開 (결안동문 분미개)

눈을 도려내어 동문에 걸고 분을 풀지 못하시겠지.

獨立朝端 無敢干 (독립조단 무감간)

조정에 홀로 섰을 때 감히 덤빌 자 없었으나

直將忠義 試諸難 (직장충의 시제난)

충성과 의리 때문에 온갖 어려움을 겪었네.

爲從六道 黔黎望 (위종육도 검여망)

육도 백성들의 소망을 따라

能致三韓 社稷安 (능치삼한 사직안)

삼한의 사직을 편안케 했네.

同列英雄 顔更厚 (동렬영웅 안경후)

동렬의 영웅들은 얼굴 더욱 두터워지니

未亡邪佞 骨猶寒 (미망사영 골유한)

아직 안 죽은 간사한 자들은 뼈가 서늘해졌네.

更逢亂日 誰僞計 (경봉난일 수위계)

어지러운 날을 다시 만나면 누가 계략을 하리오

可笑詩人 用事姦 (가소시인 용사간)

이 시대 사람들 간사하게 일하는 것이 가소롭기만 하네.

我今聞訃 作哀詩 (아금문부 작애시)

내 이제 부음 듣고 애도하는 시를 지었으니

不爲公悲 爲國悲 (불위공비 위국비)

공을 위해 슬픈 게 아니라 나라 위하여 슬퍼하노라.

天運難能 知否泰 (천운난능 지부태)

하늘 운수가 통할지 막힐지를 알기 어렵고

邦基未可 定安危 (방기미가 정안위)

나라 터전이 편안할지 위태할지도 정해질 수가 없네.

銛鋒已折 嗟何及 (섬봉기절 차하급)

날카로운 칼날이 이미 꺾였으니 슬퍼한들 무엇하랴

忠膽常孤 恨不支 (충담상고 한불지)

충성스러운 신하 항상 외롭다가 끝내 견디지 못했네.

獨對山河 歌此曲 (독대산하 가차곡)

홀로 산하를 바라보며 이 노래를 부르니

白雲流水 摠噫嘻 (백운류수 홀희희)

흰 구름과 흐르는 물도 모두 슬퍼하고 탄식하며 털린 먼지같이 사라지는구나.

　나라를 바로 세울 기둥과 주춧돌인 장군은 죽었어도 고려를 구하려 한 충성심은 영원히 사라지지 않을 것이라며 왕조를 구할 인물은 장군이었다는 백성들의 믿음이 詩 속에 담겨져 있다.

문인 춘정 변계량은 詩文 〈哭 崔侍中 瑩〉으로 최영 장군 죽음에 애도를 표했다.

奮威光國 鬢星星 (분위광국 발성성)
나라가 위태로울 때 분투하여 구해낸 별 중의 별이 떨어졌구나
學語街童 盡識名 (학어가동 진식명)
말을 배우는 어린 아기부터 거리의 어린이까지도 그 이름을 자세히
알고 있는데
一片壯心 應不死 (일편장심 응불사)
일편단심 굳센 마음은 결코, 죽지 않고 백성들은 사랑하네
千秋永與 太山橫 (천추영여 태산횡)
천년토록 태산과 함께 영원히 남으리라

시를 통하여 백성들은 최영 장군이 요동 정벌을 감행한 죄로 처형된 사실을 불신하고 있음을 역설적으로 보여주고 있다.

고려 말, 최고의 장수를 처형하고 우왕을 폐위할 정도로 당시 사대 명분론이 엄격하게 자리를 잡고 있었는지 의심스럽다. 남녀노소 모든 이들이 장군의 이름을 알 정도로 백성들과 친근했고 장군은 죽었지만 '한 조각 장한 마음'은 죽지 않아 나라를 지켜줄 것이라 믿었기 때문이다.

위화도 회군 후, 우왕을 폐위시킨 것은 왕정을 파괴하고 쿠테타를 일으킨 것이다. 왕정 체제가 당시의 헌정질서였는데 요동 정벌을 시도한 것과 왕정 체제를 파괴한 것 가운데 어느 것이 더 무거

운 죄일까?

선택은 언제나 권력을 장악한 승자의 것이었다. 위화도 회군 주역들은 왕정 체제를 부정한 대역 행위를 정당화하기 위해 요동 정벌의 공료죄론을 제기한 것이다. 그러나, 공료죄를 뒷받침한 천자-제후의 엄격한 관계를 강조한 사대 명분 질서가 당시 고려의 보편적인 외교 질서는 아니었다는 것이다. 조선 초기 사관들이『고려사』를 편찬하는 과정에서 자기들의 입장을 보편화시키려고 강압으로 집어넣은 것이다.

최영 장군은 요동 정벌의 실패로 인하여 이성계 일당이 정적의 모함으로 참형에 처하려 하자, "내가 사심과 탐욕의 마음이 있어 요동 정벌을 하려고 했다면 내 무덤에 풀이 날 것이요, 그렇지 않았다면 나의 무덤 위에서 풀이 나지 아니할 것이다. 내게 죄를 묻는다면 고려에 충성한 죄뿐이다."라고 예언적으로 유언하였다.

묘소에는 600여 년간 풀이 나지 않아 적분묘(赤墳墓)라 불렀다. 요동 정벌은 장군 개인의 탐욕 없이 고려를 위하여 출전했다는 의지가 내포된 것이었다.

이때부터 최씨가 앉은 자리에는 풀도 나지 않는다는 말이 성행하기 시작했는데, 최영 장군의 기개와 순절의 의미이며 동주(철원) 최씨를 지칭하는 말이었다.

이후, 백성들은 '성계 돼지국밥'을 먹으면서 쿠테타로 정권을 잡은 이성계를 비판하기 시작했다. 이성계를 비방하기 위하여 개성 지방에서부터 '성계 돼지국밥'이라는 이름으로 돼지국밥을 많이 먹었으며 전국적으로 확산하여 백성들이 먹었는데 지금도 개성지방을 비롯하여 북쪽 지역에는 성행하고 있다.

조선 태종부터는 최영 장군의 초상화를 모시고 제사와 시제를 지내며 장군에 대한 존경과 흠모가 무속 신앙으로 변모되기 시작하였다.

백성들은 자신들을 보호한 최영 장군에 대한 감사와 존경의 마음에서부터 장군께서 將軍神으로 부활한 것으로 믿어왔다.

무속에도 최영 장군을 수명장수, 안과태평의 神으로, 무(武)에서 가장 많이 모셔지는 신령 가운데 하나로 崔瑩將軍神을 널리 숭배하는 한반도 최고의 장군신으로 모시고 있다.

고려 명장 최영 장군의 리더십

무민공(武愍公) 시호(諡號)

졸기(卒記)는 고관대작이 사망한 후 사관(史官)이 망자에 대한 세간의 평가를 서술했는데 최영 장군에 대해서도 자세히 행적이나 행실을 평가하여 적었다.

풍채와 용모가 위대하고 힘이 남보다 뛰어났으며 성품이 강직하고 충실하며 청렴하였다. 매양 군대의 진영에 나아가 적을 상대할 때면 신기(神氣)가 안정되고 차분하여 화살과 돌이 좌우에 날아와도 조금도 두려워하는 기색이 없이 반드시 이기도록 하였다. 그 때문에 여러 싸움에 향하는 곳마다 공을 세워 한 번도 패한 적이 없어서 나라가 힘입어 편안하였고 백성들이 그 혜택을 받았다. 최영의 나이 16세 때 아버지가 죽을 무렵에 훈계하기를 "너는 금덩이 보기를 돌같이 여겨라"고 하였다. 이 말을 마음에 깊이 간직하고 재물에 관심을 두지 않았으며 거처하는 집이 초라하였으나 그곳에 만족하고 살았다. 의복과 음식을 검소하게 해 간혹 식량이 모자랄 때도 있었다. 남이 좋은 의복을 입은 것을 보면 개나 돼지만치도 여기지 않았다. 지위는 비록 재상과 장군을 겸직하고 오랫동안 병권을 장악하였으나 뇌물과 청탁을 받지 않았으므로 세상 사람들이 그의 청백함을 감탄하였다. 항상 대체를 견지하기에 노력하였으며 조그마한 문제에 구애되지 않았다. 종신토록 장군으로서 군대를 통솔하였다. 전시 분망한 중에서도 이따금 시를 읊는 것을 낙으로 여겼다. 여러 재상과 한시의 대구(對句)를 지었는데 어느 날 저녁에 경복흥이 창구(唱句)를 부르기로 "하늘은 옛 하늘이지만 사람은 옛사람이 아니로다.(天是古天人不古)"하자, 최영이 대구(對句)로 말하기를 "달은 명월이로되 재상들은 밝지를 못하구나.(月爲明月相無明)"라고 하였다. 이인임, 임견미가 정방제조로 있으면서 정권을 마음대로 독판치고 변안열 등이 마음이 맞아 권세를 부렸다. 남이 정의에 배반하는 것을 보면 깊은 증오로써 통렬히 배격하며 몰아냈다. 사람이 찾아와 벼슬을 요구하였을 때 최영이 말하기를 "네가 갖바치나 장사꾼이 되었으면 벼슬은 저절로 얻어질 것이다."라고 하였다. 정권을 잡은 자와 뇌물을 쓰는 무리를 비난한 것이었다. 최영이 정방(政房)에 참여한 후부터는 반드시 공로가 있거나 재능 있는 자를 선택해 채용하였고 만일 등용할 자격이 없는 자라면 사정없이 배격하였으며 재상 중에 영리를 꾀하거나 토지를 쟁탈하는 자 또는, 사정에 끌려 법과 풍기를 훼손하려는 자는 모두 시정하도록 조치했다. 일찍이 이인임에게 말하기를 "나라가 매우 곤란한데 당신은 수상으로서 어찌 이것을 우려하지 않고 다만 가정 살림에만 관심을 갖는 것이오"라고 하여 이인임은 입을 벌리지 못하였다. 언제나 도당에 나가서는 정색하고 바른말을 기탄없이 하였다. 그러자 좌중에서 공명하는 자가 없으면 혼자서 탄식하곤 하였다. 언젠가 남에게 말하기를 "내가 국가 정치에 관해 밤중에 생각하고 날이 새어서 그것을 동료들에게 말하면 여러 재상 중에서 나와 의견이 같은 자가 없으니 사직하고 은거하는 것만 같지 못하다"라고 하였다. 비록 오랫동안 장수와 정승으로 중한 병권을 맡고 있었으나 청탁이 그에게 이르지 못하였으니, 세상에서 그 강직하고 청렴한 것을 탄복하였다.

일반적으로 고관대작들의 직위와 직책, 행실에 대하여 간단히 기록한 졸기와 달리, 조선시대 사관들이 역적으로 처형된 장군을 이처럼 자세히 평가하며 기록한 것은 그 시대 훌륭한 명장이며 영웅이었다는 업적을 말해주고 있다.

닫혀있던 숭의문 대문이 열리기를 기다리던 행인들 사이로 신륵사의 무급 스님이 최무선을 찾아 도성으로 들어왔다.

문밖에서 가을빛 청량한 목탁 소리가 바람결에 들려오니 최무선은 직감적으로 무급 스님이 온 줄 알고 섬돌에 가지런히 놓인 신발을 제대로 신지도 않은 채 마당으로 뛰어가서 반갑게 맞이했다.

"아이쿠 스님, 그렇지 않아도 추석 전에 신륵사를 방문하려고 하던 참입니다."

사랑채로 발길을 옮기면서 무급이 말을 꺼냈다.

"최 부사님, 급한 일이 생겼습니다. 현린 큰스님이 사라졌습니다. 몸이 아주 편찮으셨는데요."

"우리 집으로 온다는 소식이 없었는데 도성에는 안 오신 것 같습니다."

화통도감 해체 후에 몇 년 동안 실의로 보내다 원하지도 않은 개국공신에 이름이 기록되었다는 자괴감에 빠져있던 최무선은 불길한 예감으로 걱정하는 표정을 지었다.

"최 도통께서 떠나신 이후로 극락보전에 줄곧 계셨는데 며칠 전부터 보이시지 않았습니다."

"수소문을 해보니, 사공의 말로는 배를 타시고 행주나루에서 내렸다고 합니다."

"행주나루? 그럼, 부원군 묘소에 가신 것이 틀림이 없습니다."

이튿날 일찍, 하얀 수염이 유달리 눈부신 최무선과 누더기 승복 차림의 이마가 넓은 무급이 고봉현의 대자산 야트막한 산기슭에 도착하여 말에서 내려 돌계단을 따라 올라갔다.

"스님, 무덤 앞에 누군가가 쓰러져 있습니다."

앞서가던 최무선이 풀이 나지 않은 봉분을 가리키며 와락 눈물이 쏟아졌다.

"어이쿠, 나무 관세음보살, 스님께서 마침내 성불하셨네."

"아이고, 아이고, 아이고…"

두 사람이 깜짝 놀라 뛰어서 다가가니 가부좌를 한 채로 현린 스님이 장군의 묘소와 마주하고 목탁을 쥔 채로 입적한 것이었다.

상석 위에 한 장의 유서가 바랑에 눌려 있었다.

"부처님 품에서 오직 이 한 사람을 사랑하였네. 고려의 품에서 나라밖에 모르던 그 한 사람을 사랑하였네. 뒤에 오는 사람이여! 내 육신을 태우거든 타고 남은 한 줌 재라도 이 님의 곁에 뿌려주시게."

최무선이 발아래로 뚝뚝 떨어지는 눈물을 소매로 훔치고는 넋이 나간 표정을 지으며 말했다.

"아이고, 형님, 당신의 뜻대로 다 이루어질 것입니다. 부디 부처님 곁으로 가소서."

무급은 울음과 함께 떨리는 목소리로 빌었다.

"우리 스님, 이승에서 성불하셨으니 부디 극락으로 왕생하소서. 만나면 헤어져야 하는 허무한 인생이지만 그 사람을 진실로 사랑했다면 이승에서의 사랑이 저승에서도 이루어지리라."

5일이 지난 후, 많은 승도들이 모인 가운데 눈물의 다비식을 거행하고 무급과 최무선은 사리를 수습하여 최영 장군 무덤 주위에 골고루 흩뿌렸다.

극락왕생 기원 예불과 장례를 끝내고 묘소를 내려오면서 최무선은 무급 스님에게 눈빛으로 말했다.

"사랑이란 받았던 마음으로 아낌없이 주는 것이요, 의리란 목숨까지도 흔쾌히 나누는 것이라 하신 두 분 형님의 말씀이 오늘따라 가슴을 울립니다."

철원군 하갈리 가작곡(가재골)에서 풀뿌리를 캐서 먹으며 세상과 담을 쌓고 생활하던 최영 장군의 아들 목숙헌(苜蓿軒) 최담公이 사위 맹사성과 함께 다비식에 참여하여 예를 갖추었다.

현린 스님의 입적에 이어, 쓰린 속을 움켜쥐며 살아오던 검교참찬문하부사 최무선은 책 한 권을 부인에게 주면서 "아이가 성장하거든 이 책을 주시오"라고 하면서 1395년 4월 19일 하직했다.

아들 최해산은 화약 제조의 비법이 자세히 적힌 책을 공부하고 연구하여 아버지의 뒤를 이어 화약과 화포 개발에 열중하였다.

1396년 봄, 명나라 사신 송패 일행이 개경으로 왔다.

그들은 명나라 황제 주원장이 돌아가신 최영 장군에게 '무민공(武愍公)' 시호(諡號)를 내리려고 온 것이라고 했다.

"내가 국자감학록 장보를 보내어 선왕의 시호를 내리고 우를 왕으로 책봉했다. 최영에게 무민공 시호를 내리니 지체하지 말고 시행하길 바란다."

이러하듯 주원장은 최영 장군의 고려국에 대한 충정과 공로업적을 찬양하고 추모하여 무민이라는 시호를 내린 것이었다.

그러나 이성계는 그러한 시호를 곧바로 내리면 처형한 것이 부당한 행위였음을 자인하는 것으로 여기고는 만지작거리다가 10월 18일에야 무민공 시호를 정식으로 최영 장군에게 내렸다.

장군을 기리는 우리의 정서(情緖)

─────────◈◈◈─────────

장군의 손녀사위인 맹사성은 후일 장군과 부친 최원직公이 살았던 아산 집에 부모님과 함께 살았다. 조부 맹유는 고려가 망하고 조선이 새로 들어서자 '충신은 두 임금을 섬길 수 없다.'라는 지조로 두문동에 들어가 불에 타 죽은 72현 중 한 분이었다.

맹사성은 장군의 청렴결백한 얼을 본받아 조선 초기 청렴하고 정직한 공직 생활을 하여 청백리로 선정되었으며 백성의 아픔을 함께 나눈 서민적 정승이었다. 평생을 녹봉으로만 살았고 공무가 아니면 역참을 이용하지 않았으며 검은 소를 타고 다니면서 특정 세력과 당파를 이용하여 권력을 부리지도 않았다.

덕과 질서를 바로 세우고 백성들을 위한 정치를 펴는 길이 글을 배운 선비의 자세라고 판단하여 항상 겸손하고 배려심 있는 관리로서 자신을 낮추면서 백성을 높이 대하는 처세는 처조부 최영 장군으로부터 영향을 본받아 충성심과 청렴을 접하게 되어 일생 정신적 지표로 삼았다.

1945년 광복 이후 초등학교에서 국어와 국사 시간은 물론 음악 시간에 최영 장군 노래가 교과에 편성되었다.

1) 황금을 보기를 돌같이 하~라 이르신 어~버~이 뜻을 받~들~고 한평생 나라 위해 바치셨으니 겨레의 스~승이라 최영 장군.

2) 이 나라 이 겨레 바로잡고~자 남으로 왜~적~을 물리 치~시~고 북으로 오랑캐를 무찌르셨으니 장하다 그~이~름 최영 장군.

3) 요동~ 땅 너는 알라 장군의 뜻을 위화도 회~군의 원한을 품고 조용히 참형으로 돌~아 가시니 슬~프~다 붉~은 무덤 최영 장군.

　　중학생을 대상으로 학생 중심 교육을 목표로 개발된 교육과정 기본 틀에서 얻은 최영 장군의 역사 지식은 군인이자 정치인의 모습을 보여주었으며 인생관 가치관의 형성에도 커다란 영향을 미쳤다. 초등학교와 고등학교에서도 최영 장군의 발자취를 다방면으로 교육하여 한국인의 역사와 정체성을 표현하는 데 매우 친근한 역사의 인물로 자리매김하였다.

　　1977년 12월 충남 부여군 홍산면 북촌리 산 12번지 태봉산 정상에 홍산대첩비(鴻山大捷碑)를 세워 당시 최영 장군의 용맹스러움을 알 수가 있다. 비문에는 '왜구가 내륙 깊숙이 쳐들어와 마을마다 불을 지르고 약탈과 살상을 일삼았다. 장군은 "지금 왜구의 뿌리를 뽑지 않으면 뒷날 반드시 후환이 될 것이니 비록 몸은 늙었으나 의지는 쇠약하지 않았으니 꼭 보내 달라"고 간청하자 왕은 장군의 애국충정을 이기지 못해 출정을 윤허하였다. 최전방에서 적진에 뛰어들어 돌진하니 질풍노도 같은 장군의 모습을 본 군사들이 사기충천하여 적진을 덮쳐 왜구들은 순식간에 풍비박산되어

서천 쪽으로 달아났다. 왕은 장군을 친히 영접하며 전공으로 벼슬을 내리자, 장군은 "왜적을 섬멸하기 전에는 어떠한 벼슬도 받지 않는 것이 옳다"고 하며 사양하자 부득이 철원부원군을 봉하였다. 홍산에서 대첩이 있고 난 뒤, 602년 만에 장군의 혁혁한 전승비를 세우는 뜻은 최영 장군의 위대한 호국정신을 후손에 길이 전하고 오늘에 이어받아 나라와 겨레를 수호하는 국민정신을 드높이고자 함이다.'라고 새겨져 있다.

　최영 장군의 청백리와 애국심이 국민적인 정서로 반영하여 2006년 10월 20일 울산에서 한국 최대 4,500톤급 차세대 한국형 구축함 '최영함'의 진수식을 거행하였다.
　함명은 고려시대의 명장으로 홍건적이 쳐들어와 서경과 개경이 함락되자 이를 물리치고 수복했으며 수많은 왜적을 물리쳐 고려를 넘보지 못하게 하였던 최영 장군의 진취적 기상을 계승하기 위한 취지로 명명했다.
　이는 장군이 국민적 영웅으로 오랫동안 국민에게 존경을 받아온 역사를 바탕으로 한 명명 방식이다. 함선번호 DDH-981인 최영함은 2007년 9월 해군에 인도되어 2010년 12월 29일 청해부대 6진으로 소말리아 해역에 파견되어 '아덴만 여명작전'을 성공적으로 수행하기도 했다.

　관공서와 일반기업체에서는 최영 장군이 항상 검소하고 청렴결백한 생활을 하였고 모든 일에 솔선수범하며 규율과 원칙을 중시하면서 부여받은 책무를 완수했던 사례를 대표적 교육 모델로 선정하여 부패 방지와 청렴 교육을 하고 있다.

2011년부터 김영란 당시 국민권익위원장이 추진했던 일명 '김영란법'인 '부정청탁 금지 및 공직자의 이해충돌 방지법'이 최영 장군의 검소한 생활에 영향을 받아 정부에서 추진하였다.

2011년 12월 8일에는 경기도 성남시 한국국제협력단(KOICA) 연수센터 건물 벽면에 최영 장군의 흉상이 부조 형태로 건립되어 우리나라 행정을 배우러 온 개발도상국 공무원들에게 〈황금을 보기를 돌같이 여겨라!〉 'Look at gold as if is valueless stone'이라고 한글과 영어로 새겨 고려 말 최영 장군의 청렴한 메시지를 전달하기 위해 만들었다고 한다.

선진국으로 진입하는 대한민국은 각종 비리와 부정부패로 몸살을 앓고 있는 우리 사회에서 벗어나 청렴과 부패 방지의 중요성을 위해 정의로운 사회가 지대하게 요구되는 시대이다.

북한의 역사 교과서에서도 위화도 회군을 '고구려의 고토를 회복할 기회를 놓친 사대주의적 사건'이라고 규정하여 당연히 이를 주도한 이성계 역시 역적이며 건국의 일등공신인 정도전 역시 역적이라고 평가하고 있다. 특히, 애초에 조선의 건국 자체를 '일어나지 말았어야 할 잘못된 역사'라고 하면서 이성계는 1388년 4월 요동 정벌의 기회를 타서 고려의 정권을 가로챘으며 위화도 회군은 음흉한 정권 탈취 야망에서 출발한 것이었으며, 동시에 엄중한 매국 배족 행위였다고 규정하고 있다.

"리조 봉건국가는 리성계가 고려왕조를 뒤집어엎고 정권을 잡게 됨으로써 세워지게 되었다. … 모든 역사적 사실들은 리성계가 우리나라에서 사대주의를 적극 조장시킨 극단적인 사대주의자이며 왕권을 빼앗기 위하여 우리 인민들이 그토록 열망하였던 고구려, 발해의 옛땅을 찾기 위한 료동 정벌을 말아먹은 장본인이었다는 것을 보여줍니다."라고 실려 있다. 「조선력사」(고등중학교 교과서, 1999, p.32)

경기도 고양시 덕양구 대자동 대자산 기슭의 최영 장군의 묘소는 쌍분으로 위에는 부친 최원직公과 모친 봉산지씨의 묘이고, 아래 묘소로 부인 문화유씨와 합장하였다.

묘비 전면에 高麗 盡忠奮佐命安事功臣 判密直事大將軍 門下侍中 贊成事 六道都巡察使 鐵原府院君 諡 武愍 東州 崔公 諱 瑩之墓, 三韓國 大夫人 文化柳氏 祔左 (고려 진충분좌명안사공신 판밀직사대장군 문하시중 찬성사 육도 도순찰사 철원부원군 시 무민 동주 최공 휘 영지묘 삼한국 대부인 문화유씨 부좌)라고 새겨져 있다.

경기도 기념물 제23호로 지정되어 문화유적지로 선정되어 있으며, 후손과 숭모객은 매년 음력 10월 8일 시제를 올리고 있다.

그러나 장군이 계림윤으로 좌천되고 합포에서 6여 년간 유배 생활을 함께하며 어려운 시기에 많은 도움을 주며 모셨던 서녀 우왕의 영비 최씨의 생모인 측실 은씨는 강화도에서 영비와 생활하다 생을 마감했다.

고려 말, 장군과 재상을 역임하면서 항상 검소하고 청렴한 생활을 하여 청백리로 백성들로부터 존경과 숭모를 받아 전국 방방곡곡 장군께서 지휘했던 발자취에는 조선시대부터 후대들은 사당을 세워 제향을 올리고 있다.

황해도 개성 덕물산의 최영 장군당 덕적사는 공민왕 11년 홍건적 침입에 격퇴한 공로로 일등공신으로 도형벽상을 그려 장군당을 짓고 진영을 모시게 한 이후 줄곧 시제를 올리고 있다.

충남 홍성군 홍북면 노은리 삼봉산 '기봉사'에는 홍성군이 주최하여 매년 시제를 올리며 더불어 군 문화제도 병행하여 개최하고 있다.

경남 통영시 사량면 금평리 사량도에 '최영장군 신사'를 모시고 주민들은 연 2회 시제와 풍어제를 지내고 있다.

경남 남해군 미조면 미조리 '무민사'는 남해군 숭의회가 주최하여 군민들과 함께 봄, 가을 시제를 올리고 있다.

제주도 제주시 추자면 대서리는 '최영대장 신사'(제주도기념물 11호)를 모시고 주민들은 음력 이월 보름날에 시제와 풍어제를 올리고 있다. 사당에는 조국도통대장최장군신위(朝國都統大將崔將軍神位) 비석 위패가 있다.

부산에는 남구 감만동의 '무민사', 수영동 '무민사', 범일동 '무민사'에 영정을 모시어 보존회에서는 주민들과 함께 시제를 올리고 있다.

전남 여수시 남산동의 '여수영당'에도 영정을 모시어 진남제전보존회에서 시제를 올리고 있다.

후손들의 집성촌이 있는 강원도 강릉시 병산동 '덕봉사' 영당에는 문화공보부에 등록한 최영 장군의 표준영정을 모시고 후손들은 매년 음력 3월 8일 시제를 올리고 있다.

집성촌인 충북 충주시 청원구의 '기봉사' 영당과 경북 김천시 구성면의 '진충사'와 전북 익산시 은기동의 '두천사'에서도 후손들은 매년 제향을 올리고 있다.

경기도 고양시에서는 매년 가을 향토문화재인 '최영장군위령굿'을 올리고 있다. 양주시 장흥면의 최영 장군당에서도 매년 가을 '최영장군위령굿'을 올리고 있다.

철원군 동송읍 관우리에 위치한 동주(철원)최씨 시조단과 예숙공 최석公의 묘소는 철원군 문화유적지로 선정되어 관리되고 있으며, 후손과 숭모객들은 매년 음력 9월 20일 시제를 올리고 있다.

고려 후기 재상(宰相)과 장수(將帥)로서 오직 구국일념 하나로 위대한 공적을 쌓았으며, 검소하고 청백리로서 저명한 인물이라며 당대는 물론 후세에 와서도 평가받고 있다.

고려 명장

최영 장군의 리더십

제4장

/

최영 장군의 Leadership

고증으로 입증된 최영 장군의 리더십은 Strong Leadership이 아닌 Powerful Leadership으로 지혜와 정의로운 용기가 함축된 진정한 리더십을 발휘했다는 사실을 여러 사례를 통해 새롭게 찾아볼 수 있다.

청렴결백한 리더십

───── ❖ ─────

청렴결백(淸廉潔白)은 성품이 맑고 검소하며 깨끗하고 순수한 인품을 가리키는데 오늘날 정치인이나 공무에 종사하는 공직자만이 아니라 모든 사람에게도 요구되는 중요한 윤리적 덕목 중 하나이다.

관직 수행 능력과 청렴·근검·도덕·경효·인의 등의 덕목을 겸비한 이상적인 관료를 청백리라 칭했는데 "너는 황금을 보기를 돌같이 여겨라"는 아버님 유훈을 허리띠에 새겨 두르고 일생 검소한 생활을 실천하였다. 풍채와 용모가 위대하고 힘이 남보다 뛰어났으며 성질이 강직하고 충실하며 재물에 관심을 두지 않았다.

지방 수령으로 근무할 때나 재상으로 봉직할 때도 항상 아버님의 유훈을 받들어 의복과 음식을 검소하게 해 간혹 식량이 모자랄 때도 있었다. 오랫동안 장수와 정승으로 중한 병권을 맡았으나 뇌물과 청탁을 받지 않았으므로 세상 사람들은 그 청백함을 탄복했으며 강직한 품성을 지녀 나라에 충성하고 검소한 생활을 했으며 거처하는 집은 대궐이 아니고 초라하였고 그곳에 만족하고 살았다.

고려 명장 최영 장군의 리더십

군 최고직인 상호군에 진급하고 최고 관직인 문하시중까지 역임하면서 왕이 상으로 내리는 전토와 노비 또한 모두 사양했으며 흉년이 들면 본인이 직접 나서서 곡식을 이웃과 나누어 먹었다. 나라에서 나오는 녹봉으로만 검소하게 살았기 때문에 항상 곳간이 텅텅 비어 있었으며, 집안에는 노비가 없었고 장군이면 응당 있어야 할 사병도 양성하지 않았다.

기본으로 갖춰야 할 윤리적 가치에 충실하고 귀족이 갖추어야 하는 중요한 덕목 중 하나인 도덕성을 갖추었다. 누구에게나 친절을 베풀면서 검소한 생활을 하도록 선정하였고 본인도 항상 근면하였다.

관리들은 서로를 초대하여 진수성찬을 차려놓고 나눠 먹으며 대화를 나누는 것이 유행이었다. 하루는 이현 집에도 여러 손님이 찾았는데 점심시간이 지나도록 식사를 내놓지 않고 있다가 날이 저물 무렵에야 간신히 기장 잡곡밥과 나물을 차려서 내왔다. 손님들은 배가 고팠던 참이라 나물과 밥을 하나도 남기지 않고 깨끗하게 비우며 밥이 맛있다고 입을 모았다. 그러자 껄껄 웃으며 "이렇게 대접하는 것 자체가 용병술"이라고 말했다.
청렴결백한 리더십의 실천이었다.

솔선수범의 리더십

왜구가 강화 앞바다까지 몰려와서 수적질로 대식국의 상선을 약탈했다. 발을 동동 굴리며 우리 배가 탈취당하여 선원을 끌려갔다며 살려달라고 도움을 요청하고 있었는데도 속수무책이었다. 그러한 광경을 목격하고는 솔선수범하여 도와줄 각오를 하고 "내가 배를 타겠소." 하면서 수위군 병사 칼을 건네받아 쾌속선에 올라타자마자 강화도 앞까지 추격하니 왜선은 빼앗은 대식국 상선의 꽁무니에 매달고 막 착량으로 빠져나가려고 하고 있었다. 배에 올라 왜구와 사투를 벌여 왜구를 바닷물에 빠뜨려 죽이고는 배를 빼앗았다. 배에는 잡혀서 끌려가던 술탄이라는 아라비아 상인이 있었는데 전공을 모두 수위군에게 돌렸다.

육합성 전투에서 선두에 서며 전투에 임했다. 등에는 두 개의 칼을 엇걸어 메며 작두 모양으로 넓적한 반월도를 양손으로 잡고 마지막 비장기인 '다마검'은 종아리에 각반을 두르고 꼽고는 칼자루 높이 쳐들고 병사들 앞에 서서 큰 소리로 선창했다. "적을 향해 돌격하는 이 칼자루에는 나를 믿고 함께 싸우는 전우의 목숨과 무사귀환을 바라는 가족들의 염원이 담겨있다." "고려군은 앞의 전우를 따르고! 옆의 전우를 돕고! 뒤의 전우를 믿는다!"라면서 솔선수범하여 일시에 대나무 사다리를 타고 성벽에 뛰어올랐다.

홍건적 격파 공로로 녹훈을 하기로 했는데 "전하께서 공신으로 삼아 녹훈하시면 토지를 내리실 터인데 그 토지가 곧 금이 아니겠습니까"라고 하며 '격주홍적공'의 녹훈을 사양했다. 솔선수범하여 녹훈을 사양하니 공로가 있어 녹훈하기로 한 다른 장수들도 사양하였다.

솔선수범하여 선두에서 "전장의 먼지 속에 삼 척 검을 휘두르고 종묘사직을 위해 한 벌 갑옷을 입었도다"라고 외치니 도원수 이하 장수들이 벌떡 일어나서 제창했다. 승전을 기원하는 의식을 치르고 선두에 서서 공격하니 적들은 서문으로 도망갔다.

왜적은 홍산으로 침투하고는 함부로 살육하고 약탈을 감행하여 기세가 대단했는데 삼면이 모두 절벽으로 오직 한 길만 통할 수 있어 장수들이 두려워하고 겁을 내어 진격하지 못하자, 몸소 병졸들 앞에 서서 용맹하게 돌진하니 적은 바람에 쓰러지는 풀과 같이 보였다. 노구를 이끌고 출정하기를 자원하여 홍산에서 왜구를 크게 무찔렀던 이 홍산대첩은 왜구와 싸워 승리한 가장 빛나는 업적으로 노장이 보여준 솔선수범 리더십의 실천이었다.

상명하복의 리더십

고려의 마지막 충신으로 평생 전쟁터를 누볐다. 홍건적과 왜구는 물론이고 원나라를 공격해 철령위를 수복했으며 수없이 일어난 반란군을 진압한 무력의 중심이었다. 동북면 체복사로 왕의 명령을 받고 지방을 돌면서 벼슬아치들의 군무에 관한 범죄사실을 조사하면서 재물을 착복한 죄에서는 엄격하게 다루었다.

왜적의 병선 수백 척이 서해안으로 침투하여 개경으로 진격한다고 보고하자 왕은 충성스럽고 지혜로운 최영에게 직접 개경으로 침범하지 못하도록 승천부에 나가 싸우라고 명령을 내리자, 즉시 해주에서부터 여섯 포구에 수군과 병선을 은밀하게 활용하여 매복으로 물리쳤다.

고려 사회의 부패를 자행한 이인임, 염흥방, 임견미 등 권신들이 무소불위의 권력을 갖고 있었음에도 왕권 찬탈과 반란을 주저했던 것도 명령에 복종하는 장군이 있었기 때문이었다.

고려 명장 최영 장군의 리더십

요동 정벌이란 명나라 공격을 선택한 것도 고려의 북방 영토인 철령위을 반환하라는 명의 요구에 부하들의 땀과 피로 수복한 이 지역을 순순히 돌려줄 수 없다는 왕의 명령에 절대복종으로 실행하였다.

병권을 주고 부정부패와 사리사욕을 일삼은 임견미, 염흥방 일당들을 비밀리에 문초하도록 명령을 받아 부정부패와 횡포를 일삼던 임견미, 염흥방, 왕복해 그 일당의 소행을 분하게 여긴 나머지 직접 문초하여 죄를 소상히 밝히고 점탈했던 전답과 노비의 현황을 조사하여 안무사를 각 도에 보내어 일천여 명에 이르는 이들의 가신과 악질 종들을 체포해 처형하고 재산을 모두 몰수하니 백성들은 크게 기뻐하며 길에서 노래하고 춤을 추었다.

기세가 강력했던 왜구를 물리치고 돌아와 시중으로 제수했지만, "제가 시중이 되어 내직에 있으면 다시 왜구가 침범했을 때 대처하기 어렵습니다"라며 사양하였다.
또한, 주상의 명령에 즉각 실행하고 이치에 맞지 않는 지시는 사양하는 상명하복의 리더십을 실천했다.

규율과 원칙을 중요시한 리더십

━━━━━━━◈◈◈━━━━━━━

조직은 사적이 아닌 공적으로만 운영했다. 군 최고 지휘관이며 공직자로서 부하들은 물론 백성들에게도 규율과 원칙을 이행토록 요구했다. 전선에서 적과 대치해도 태연하였으며 화살이 빗발치듯 지나가도 조금도 두려워하는 기색이 없었다. 군대를 지휘함에 있어서는 규율을 엄격히 적용해 승리하였다.

전쟁터에서는 엄격한 규율과 원칙을 중시하면서도 질책보다는 칭찬을 일삼으며 포용력을 발휘했다. 자신에게도 규율과 원칙을 지키려는 자세는 엄격하게 적용하였다.

육도도순찰자로 임명받아 탐관오리나 군기가 해이한 관리를 색출하였는데, 이부방이 다스리는 계림에 이르니 지경 안이 정숙하므로 크게 기뻐하고는 그러한 공적이 순찰자에게 인정되어서 판개성부사로 승진시켰다. 규율과 원칙을 중요하게 여기는 장군 눈에는 그러한 관료가 보여 신상필벌의 원칙에 따라 공이 있는 장수는 발탁했다. 반면, 수령으로서 죄를 범하거나 부정부패를 일삼는 자는 엄중히 처단하였다.

조카사위인 판사 안덕린이 사사로운 일로 살인을 저질러 장군과의 연고 때문에 죄를 경감시켜 주려고 하자, "안덕린이 죄 없는 사람을 죽였으니 당연히 헌사에서 재판을 받아야 한다. 내가 순위부에 있는 터에 어찌 불편부당하게 신문할 수 있겠는가?"라고 노하여 법대로 처단하도록 하였다.

원나라에 있던 최유는 덕흥군을 왕으로 옹립하고 공민왕을 몰아내기 위해 압록강을 건너서 고려에 침입했는데 고려 관군들은 이들을 맞아 싸웠으나 대패하자 민심이 흉흉해지고 병사들은 두려워 도망가기에 급급하였다. 전선으로 향하던 장군은 "군령이 엄중하다. 도망치는 병사는 목을 베일 줄 알라"고 전군에 알렸다. 그러자 군대의 엄중한 규율이 다시 세워졌다.

염흥방의 하인 이광이 주인의 권력을 믿고 대신들의 토지를 빼앗는 일까지 벌어지자, 부정부패와 사리사욕을 일삼은 염흥방, 임견미, 왕복해 등은 처형하고 이인임은 유배를 보냈다. 상대방의 지위가 높든 낮든 규율과 원칙을 어기면 벌을 주거나 꾸짖는 것에 인색하지 않았다.

전쟁터에서 사적인 인연을 돌보지 않으며 뇌물이나 청탁을 받지 않았던 무인이었다. 토지가 문벌 귀족의 손에 들어가는 것에 제동을 걸었으며 특권 의식을 버리고 충신으로 평생을 헌신했다. 이것이 규율과 원칙을 중요시한 리더십의 실천이었다.

신뢰를 바탕으로 지휘
통솔하는 리더십

훈련원 토론 시 "한 나라의 백성이 된 자로 누구에게나 다 조국 애는 있을 것입니다. 그렇다 하더라도 막상 목숨이 경각에 달리면 그 애국심이 흔들릴 수 있을 겁니다. 먼저 장수가 위국헌신의 신념으로 전투에 임하면 전우 또한 그에 대한 깊은 신뢰로 용감무쌍하게 돌격하며, 전투다운 전투를 할 수 있습니다. 만약 장수가 제 몫을 다하지 못할 거란 불안감이 들면 전우들에게는 도망갈 핑계만 될 것입니다. 따라서 장수는 그 신뢰를 쌓기 위해서 꾸준히 무예와 무술을 연마하고 병법을 터득하고는 올바르게 지휘통솔을 하여야만 승리할 수 있는 것"이라고 했다.

원정군으로 출정하여 장렬히 전사한 여섯 장수와 병사의 시신을 수습하여 제를 올리며 염장하여 군승들이 사자의 극락왕생 서원을 올리고 있을 때 "오직 국가를 위해 싸우다가 간 아까운 장수들이니 부디 지극정성으로 극락왕생을 위하여 명복을 빌어주시게나."라고 주문했다.

고려 명장 최영 장군의 리더십

홍건적의 침략 참화로 부상병들이 일어나지 못하였고 굶어서 죽는 시체가 사방에 즐비했다. 이에 구제소를 설치하여 곡식의 종자를 나누어 주어 농사짓기를 권장하였으며 양곡을 나누어 주었다. 전투에서 사망한 병사들의 시신은 한 구도 빼놓지 않고 거두어 끝까지 예를 다해 장례를 치르도록 하여 전쟁 후유증을 수습했다.

탐라국 목호 반란을 진압하기 위해 토벌군은 나주 영산포에 집결한 후, 출정 준비를 점검하고 장수와 군사들에게 작전을 세밀하게 하달했다. 모든 병선은 정해진 깃발을 꽂아 혼동되지 않도록 대오를 정돈하여 출전하며 현지에 도착하면 일제히 진군하며 낙오자가 없도록 했다. 각 부대는 봉화로 서로 연락할 것. 성을 공격할 때 주민 중 합적에 가담하여 우리 명령에 순종하지 않는 자는 모두 사살하되 항복하는 자는 사살하지 말 것. 절이나 신사를 지키는 자는 체포하지 말며, 재물을 탐내고 전투에 전념하지 않는 자와 재물을 싣고 도망치는 자는 군법으로 처단하겠다고 하였다.

진포에서 승리한 전함이 벽란도에 귀향하려고 하자 명령을 내려 최무선의 화포를 실은 배는 적에게 노출되지 않게 하려고 동강으로 귀향시켜 은밀하게 정박하도록 하였다. 매사 신뢰를 쌓으며 엄정한 언행으로 지휘 통솔하는 리더십을 발휘했다.

정의롭고 일사불란한 리더십

정방에 참여한 후부터는 정의롭게 반드시 공로가 있거나 재능 있는 자를 선택해 채용하였고 만일 등용할 자격이 없는 자라면 사정없이 배격하였으며 재상 중에 영리를 꾀하거나 토지를 쟁탈하는 자나 사정에 끌려 법과 풍기를 훼손하려는 자는 모두 바르게 하도록 과감히 조치했다.

매양 군진에 나아가 적을 상대할 때면 신기가 안정되고 차분하여 화살과 돌이 좌우에 날아와도 조금도 두려워하는 기색이 없이 반드시 이기도록 일사불란한 지휘를 발휘하여 크고 작은 여러 전투에 향하는 곳마다 혁혁한 공을 세워 한 번도 패한 적이 없어서 나라가 편안하고 백성들이 그 혜택을 입었다.

평양성 공격을 위한 출전에 앞서 장졸 앞에서 "사나이는 죽음 속에서 삶을 찾아야 한다. 두려워 마라."라며 군마를 채찍질하여 앞장서 나가니 군사들이 눈물을 뿌리며 일사불란하게 뒤따라갔다. 전투 현장에서 정의롭고 차분하게 싸우도록 주문하면서 지휘 통솔하여 충만한 사기로 나아가 승리로 이끌었다.

고려 명장 최영 장군의 리더십

진포대첩에서 나세가 "이번 작전은 오차포 전투처럼 치러야 합니까?"라고 물으니, 그때는 육지에서 바다를 향해 기습전을 벌였었고 지금은 반대로 왜적이 이미 상륙했다고 하니 화포로 포격해서 적들의 배를 모조리 파선시켜야 한다고 하면서 서로 엉켜 싸워서는 안 된다고 강조했다. 정의롭고 일사불란한 작전 지시가 아니었다면 처음 겪는 해상전을 승리로 이끌 수 없었을 것이다

이인임에게 "나라가 매우 곤란한데 당신은 수상으로서 어찌 국사보다 개인적인 욕심에 더 관심이 있는 거요"라고 바른 소리를 하자 입을 벌리지 못하였다. 권신들을 추궁하고 전투에 임할 때도 매사에 정의롭고 일사불란한 리더십을 발휘했다.

불의에 당당히 맞서는
용기의 리더십

—◈◈◈—

우왕 즉위 후, 고려 권력은 이인임을 정점으로 한 문벌 귀족이 장악했다. 많은 농토와 대대로 벼슬을 물려받는 특권을 가졌으며 심지어 사병을 양성해 호위부대를 거느리는 강력한 세력으로 이인임, 임견미, 염흥방은 고려를 좌지우지했는데 불의에 당당하게 맞서 그들을 처단했다. 정치권력의 중심이었지만 본래 정치적 야망과 권력욕이 없었고 관심은 오로지 외침으로부터 겨레와 백성을 구한다는 일념뿐이었다.

개경 도성을 점령한 홍건적을 물리치기 위해 서문, 동문, 남문으로 공격하기로 하고, "이 한 몸 도적들을 물리치고 나라를 구할 것이다." 훈련원 연병장에 모인 군사들에게 "뒤로 쳐지는 자는 참할 것이다."라고 호령과 함께 가장 용감하게 먼저 성책을 깨고 길을 열었다. 기세를 몰아 군사들도 뒤를 잇달아 쳐부수어 적을 대파하였다.

명나라가 세공인 금은과 말, 그리고 세포를 바치라고 독촉해 오자 "지금 백성들의 변고가 잦아 생업에 힘을 쏟을 수 없는데 또 베를 내게 한다면 그 폐해가 많고 요구가 끝이 없으니, 사신을 보내 액수를 줄일 것을 요청토록 하자"고 주장하였다.

고려의 주권을 완전히 되찾아오기 위하여 원나라와 맞서 싸워 빼앗겼던 함경도 일대 쌍성총관부의 땅을 되찾는 데 주도했다. 명나라가 아직 국가의 틀로 정비가 되지 않았고 원의 잔존세력이 있어 전력을 다하여 싸우면 요동 정벌이 가능하다고 판단하고 우왕에게 주청하여 전국에 동원령을 내려 정벌군 오만여 명은 서경을 출발하여 북진을 개시했다.

이성계의 위화도 회군으로 요동 정벌이 실패하여 정적의 모함으로 참형에 처하려 하자, "내가 탐욕의 마음이 있어 요동 정벌을 하려고 했다면 내 무덤에 풀이 날 것이요, 그렇지 않았다면 나의 무덤 위에서 풀이 나지 아니할 것이다."라고 예언적 유언을 형장에서 했다. 묘소에는 600여 년간 풀이 나지 않았으며 요동 정벌은 장군 개인의 탐욕이 없이 고려를 위하여 출전했다는 의지가 내포된 것이었다.

수많은 전쟁에 참가하여 외적을 물리쳤고 훌륭한 재상으로서 바르고 깨끗한 정치를 펼쳐 모든 사람에게 존경받으며 불의에 당당하게 맞서는 용기와 기개의 리더십이었다.

관용과 배려의 리더십

덕흥군을 앞세운 최유의 모반을 진압하기 위해 왕명을 받은 즉시 안주로 출발해 가서 장졸들을 격려하고 기필코 적을 토벌할 것을 맹세하니 백성들은 장군을 신뢰하면서 존경하였다. 평생 국가를 위해 전쟁터를 누비며 부하에게 관용을 베풀고 배려를 통해 자신의 임무를 수행한 참된 군인이었다.

공적으로 내리는 녹훈을 사양하는 것은 녹훈으로 토지를 내리실 터인데 그 토지가 곧 금이므로 평생을 아버지의 유언인 "황금 보기를 돌같이 여겨라"를 명심하여 토지를 일반 백성에게 골고루 돌아갈 수 있도록 했다. 군의 최고 지휘관이었지만 부하들에게는 관용을 베풀었다. 탐욕과 사리사욕을 부리는 관리들을 싫어했고 장군의 집은 허름했으며 의복이나 음식은 항상 검소했으되 부하들에게는 관용과 배려를 베풀어 의복과 음식을 항상 챙겨 잠자리 군막 정리도 잘하도록 지도하였다.

나라는 백성들의 가장 기본적인 삶조차 보장해 주지 못했으며 문벌 귀족의 배만 불리는 구조였고 부정부패가 만연하여 관리들

고려 명장 최영 장군의 리더십

의 기강과 충성심은 땅에 떨어져 있었다. 그러나 군대 조직을 공적으로만 이끌었고 사적인 인연이나 파벌과는 거리가 멀었으며 사심으로 자신의 야망을 위해 조직을 운영하지 않고 관용과 배려를 통해 기강을 바로 세웠다.

경상도 부산과 마산, 남해에서 전라도 여수 등지에서 왜구의 침구에 대비하여 임무를 수행하는 과정에서도 틈틈이 농부에게는 농사를 짓도록 씨앗을 제공해 주어 농사 방법을 알려주었고 고기를 잡는 어부에게는 그물을 짜는 요령과 고기를 잡는 방법을 전수하여 백성들로부터 추앙을 받았다.

군사를 모아놓고는 비장한 결의를 했다. 고려 사직의 존망은 이 한 번의 싸움에 달려 있으니, 장수와 군사들은 각자의 임무에 전력을 다하여 싸워야 한다고 격려하고는 나는 싸우다 달아나는 척하며 적들을 내륙 깊숙이 유인할 테니 기마에 재갈을 물리고 산기슭에서 매복하고 있다가 갑자기 나와서 함께 공격하도록 지휘하여 승천부에서 대승을 거두었다.

부하들을 사지에 몰아넣고 후방에서 명령만 내리는 것이 아니라 자신이 직접 칼과 창을 들고 최전방에서 적들의 칼과 창으로부터 온몸으로 막으면서 승리하고는 공로를 군사들에게 주고는 칭찬을 일삼으며 포용력을 발휘했다. 이러한 관용과 배려를 발휘한 리더십이었다.

겨레, 군주, 백성에게
충성하는 리더십

〰〰

   선조부터 대대로 왕실을 섬겨온 집안 출신으로 조정의 선왕들을 섬기어 문장과 정사에서 업적을 남겼으며, 고상하고 밝은 자질과 강건한 기세는 당대의 으뜸이 되어 전열을 빛나게 하였으므로 그 무공은 견줄 사람이 없을 정도였다. 바다와 육지에서 적들을 막아내면서부터 지혜와 용맹이 온 나라에 떨쳤다.

   역적 조일신이 난을 일으키자 제압하여 공을 세웠고, 고우 지방의 장강과 회안 사이에서 혈전을 벌여 이름을 중국에 알리고 국가의 위신을 현양했다. 홍건적이 서쪽 국경으로 난입했을 때, 선봉이 되어 승리를 거두고 공로를 세웠으며, 장수들과 함께 개경을 수복하여 사직을 다시 안정시켰다.

   역적 김용이 왕을 시해하기 위해 몰래 김수를 시켜 밤중에 행궁으로 쳐들어와 신하들을 살해했는데 몸을 돌보지 않고 충성을 떨쳐 흉악한 무리를 모조리 제거했다. 역적 최유가 원 천자에게 무고해 덕흥군을 받들고 왕을 폐위하여 군사를 거느리고 국경으로 들어오니 명을 받들고 가서 여러 장졸을 총지휘하여 싸워 전공을 세웠다.

고우성 전투에서 만난 인연으로 명나라 이원을 만나 최무선이 연구하는 화약 제조를 도와 줄 것을 당부하고 화약 제조에 필요한 서적을 입수하여 최무선의 많은 실험을 거쳐 폭약 제조에 성공하도록 일조했다.

왜적들이 창궐해 백성들의 고통이 전보다 더욱 심했는데 몸소 토벌에 앞장서 적에게 나아가 적을 홍산에서 격파하고 서해에서 적선을 불태워 적들의 기세를 꺾고 위세를 떨치니, 진군하는 곳에는 감히 아무도 대적하지 못했다.

승천부는 개경과 지척이라 그곳에서 전투가 벌어지자, 나라의 안위가 백척간두에 직면하게 되었다. 이때 군사들을 총지휘하여 적이 비록 해안에 내렸으나 걸음을 내딛자마자 곧바로 무너뜨리니 성안이 안정을 찾아 적이 침투했는지도 몰랐다.

충성을 다하고 의로움을 떨쳐서 임금을 존중하며 백성을 보호하였으니, 하늘에서 부여받은 공명정대한 기질의 성품으로 재상들 가운데 참된 재상이었다.

목은 이색은 최영 장군에 대해서 전장에 나가서는 장수가 되고 조정에 들어와서는 재상이 될 자격을 갖추어 조정은 그를 의지하여 중하게 되고 변방은 그를 힘입어 편안하게 생활할 수 있는 문무겸전의 인물이며 겨레의 호국 명장이라고 칭했다.

신돈의 모함 때문에 계림윤으로 좌천되면서도 "요즈음 죄를 받은 사람들이 목숨을 보전하기 힘든데 나는 주상의 은혜가 두텁습니다."라고 하며 임금을 향해 절을 드리고 떠났다. 계림 지방관을 역임하는 동안 매일 아침 개경을 보면서 먼 산을 향해 주상에게 문안 인사를 올렸다.

제주도 토벌작전 시 풍랑을 맞아 추자도에 머물게 되었는데, 원주민들에게 활쏘기 등 병법과 풍랑에 따라 고기 잡는 기술과 농사에 필요한 방법 등을 전수하여 원주민들은 윤택하게 생활할 수 있었다. 강화도 교동도 백성들에게 바다의 갯벌을 메워서 토지로 개간하여 농사를 짓도록 하는 방법을 전수하여 최초의 간척지 사업을 시행하였다.

고을 구석구석을 살피고 다니며 궁핍하고 어려운 백성들을 그냥 지나치지 않았다. 평소 자신의 소신대로 강직한 모습을 먼저 보여주므로 탐관오리에 시달렸던 백성들은 의아해하면서도 고개를 끄덕였다.

탐라에서 목호의 두목 합적이 관리를 죽이고 반란을 일으키자 명령을 받들고 탐라를 정벌하여 적의 괴수를 섬멸했으며 백성들의 인명과 재산을 철저히 보호함으로써 백성을 안도시켰다.

옛 고구려와 발해의 영토를 회복하려는 대의명분으로 요동 정벌의 웅지는 위화도 회군으로 인하여 좌절되고 말았지만, 재상과 장수로서 오직 구국일념 하나로 위대한 공적을 쌓았으며 항상 검소하고 청렴결백한 관리로서 평상시 탐욕이 비록 모든 인간의 숙명이라지만 특히 권력을 가진 자라면 반드시 멀리해야 할 덕목이라고 했다.

고려 말 명장 최영 장군은 오직 겨레와 군주, 백성을 위해 일평생을 충성하는 위국충절의 리더십을 발휘했다.

"황금을 보기를 돌같이 여겨라"는 아버님 가르침을 허리띠에 새겨 평생토록 간직하고 탐욕을 부리지 않으며 검소하고 청렴하게 생활했던 교훈은 우리 마음에 심금을 울린다.

본인 스스로는 엄격하면서도 매사 솔선수범하여 원칙을 중요시하며 장수가 되어서는 규율을 앞세워 부하를 배려하고 정의와 용기를 북돋아 지휘통솔을 발휘하였다.

투철한 국가관과 사명감으로 수많은 전쟁터에 솔선수범으로 나아가 40여 년간 사는 것보다 죽기를 각오하는 노련한 전략과 전술을 내세워 백전백승 전적으로 외적을 물리쳤다.

왕실을 보호하고 부정부패를 일삼는 권신을 척결하여 나라의 안위를 지켰으며 정의와 불의의 타협을 발휘하며 정사를 이끌었던 재상으로 후대 백성은 청백리로 존경하여 전국 방방곡곡에 사당을 세워 혼과 얼을 본받으며 흠모하고 있다.

위계질서를 준수한 장수이며 정치인이었던 최영 장군은 고구려의 옛 영토를 수복하고 민족 부흥을 위해 겨레에게 충성하고, 임금에게 충성하며 백성에게 충성을 다하는 고려의 마지막 충신이었다.

그러나, 위화도 회군으로 고난의 시대 역사를 뛰어넘지 못했다. 요동 정벌군이 성공하여 요동 지역을 회복했다면 화포의 위력으로 고려의 기운을 되찾아 빛나는 문화예술 창달로 운명이 걸린 중대사는 바꾸었을 것이며 외국 문물을 일찍 받아 대국으로 우뚝 섰을 것이다.

역사학자 E. H. Car(1892~1982)는 『역사란 무엇인가』라는 저서에서 "역사란 역사가와 그의 사실들 사이에서 지속적인 상호작용의 과정이며, 현재와 과거 사이의 끊임없는 대화이다."라는 명언처럼 요동 정벌 실패로 청렴하고 충절의 업적과 위상의 발자취를 잊으려 하고 있다.

조선시대부터 일제 강점기와 해방 직후 60년대까지도 문무겸전의 명장이며 영웅으로 칭송하며 노래와 글을 통해 최영 장군의 얼을 계몽했으나, 70년대 어느 순간부터 서서히 식어가는 것 같은 아쉬움이 있다.

청렴하고 강직한 인물이며 명장으로 평가받는 고려 마지막 충신이었던 최영 장군의 리더십이 후세에서 영원한 교훈으로 남아 정의로운 사회로 이어질 것을 기원해 본다.

:: 참고문헌

- 원전, 「高麗史」 및 국역, 「고려사」
- 원전, 「高麗史節要」 및 국역, 「고려사절요」
- 원전, 「元史」, 「明史」
- 성현, 「용재총화」 1525.
- 김천택, 「청구영언」 1728.
- 단재 신채호, 「동국제일영걸崔都統傳」 대한매일신보, 1910.
- 이강욱, 「고려 말 려명관계의 동향과 수군정비」 국방부군사편찬연구소, 2014.
- 임형수, 「1376년 홍산전투의 의의와 전장에 대한 재고찰」 국방부군사편찬연구소, 2016.
- 이관동, 「대하역사소설 활의나라」 2022.
- 김일우, 「최영은 왜 탐라를 정벌했나」 내일을 여는 역사, 2002.
- 도현철, 「위화도 회군, 역사의 순리인가 반역인가」 역사비평사, 1996.
- 유창규, 「고려 말 최영 세력의 형성 과정과 요동공략」 역사학보, 1994.
- 박영제, 「고려 말 국내외의 정치적 상황」 서울대학교 강사, 2017.
- 박제광, 「최영 장군의 전략과 전술」 건국대 박물관 학예실장, 2017.
- 이연순, 「무민공 최영의 언행기록속 문학고찰」 성신여자대학교, 2017.
- 東州(鐵原)崔氏 大觀. 등

고려 명장

최영 장군의 리더십

초판 1쇄 2025년 2월 28일

지은이 최남섭
발행인 김재홍
교정/교열 김혜린
디자인 박효은
마케팅 이연실

발행처 도서출판지식공감
등록번호 제2019-000164호
주소 서울특별시 영등포구 경인로82길 3-4 센터플러스 1117호{문래동1가}
전화 02-3141-2700
팩스 02-322-3089
홈페이지 www.bookdaum.com
이메일 jisikwon@naver.com

가격 18,000원
ISBN 979-11-5622-921-6 03910